江苏省重点学科（苏州大学马克思主义理论学科）、江苏省中国特色社会主义理论体系研究中心（苏州大学）研究基地成果

科学社会主义理论的发展道路

石镇平　著

苏 州 大 学 出 版 社

图书在版编目(CIP)数据

科学社会主义理论的发展道路 / 石镇平著. —苏州：苏州大学出版社，2016.11
ISBN 978-7-5672-1924-3

Ⅰ.①科… Ⅱ.①石… Ⅲ.①科学社会主义理论—研究 Ⅳ.①D0-0

中国版本图书馆 CIP 数据核字(2016)第 289913 号

科学社会主义理论的发展道路

石镇平 著

责任编辑 许周鹓

苏州大学出版社出版发行

(地址：苏州市十梓街 1 号 邮编：215006)

宜兴市盛世文化印刷有限公司印装

(地址：宜兴市万石镇南漕河滨路 58 号 邮编：214217)

开本 890 mm×1 240 mm 1/32 印张 7.5 字数 200 千

2016 年 12 月第 1 版 2016 年 12 月第 1 次印刷

ISBN 978-7-5672-1924-3 定价：28.00 元

苏州大学版图书若有印装错误，本社负责调换

苏州大学出版社营销部 电话：0512-65225020

苏州大学出版社网址 http：//www.sudapress.com

序

坚持科学社会主义基本原则
创造性地研究社会主义问题

周新城

石镇平同志撰写的《科学社会主义理论的发展道路》一书，是他多年来在大学讲授科学社会主义这门课程的结晶。他长期密切联系大学生思想实际，宣传和研究马克思主义的科学社会主义，这本书是他长期研究的成果之一。这本书既准确地阐述了马克思主义经典作家关于科学社会主义的基本原理，又回答了当前大学生对有关社会主义问题的种种疑惑，读来很受启发。

他邀我为这本书写个序言。我乘此机会就科学社会主义的教学和研究谈两点看法吧。

第一，学习和研究科学社会主义，必须认真读马克思主义经典著作，准确地把握科学社会主义的基本原理。

我国全国各族人民正在建设中国特色社会主义。党的十七大和十八大都指出，中国特色社会主义“既坚持了科学社会主义的基本原则，又根据我国实际和时代特征赋予其鲜明的中国特色”①。这就是说，中国特色社会主义是科学社会主义基本原则在中国具

① 《十七大以来重要文献选编》(上)，北京：中央文献出版社，2009年版，第9页。

体条件下的运用和实现。科学社会主义基本原理是中国特色社会主义的“根”和“源”。因此,只有掌握了科学社会主义基本原则,才能真正理解和把握中国特色社会主义。

但是,不可否认,我国改革开放以来,一直存在一股否定科学社会主义的思潮,有人把中国特色社会主义同科学社会主义对立起来,仿佛中国特色社会主义的“创新”就在于推翻和否定了马克思、列宁、毛泽东的有关社会主义的论断。他们不读马列,不懂马列,却在使劲批判马列,其矛头集中指向科学社会主义的基本原则。有一位在以培训党的高级干部为主要任务的机构里担任主讲教师的“著名教授”,明目张胆地攻击科学社会主义的基本观点“也有缺陷”。他把剩余价值论和劳动价值论、生产资料所有制决定分配方式、资本剥削雇佣劳动、阶级斗争和无产阶级专政等一系列科学社会主义基本原理,统统归结为只是“具体结论和个别论断”,可以而且应该随着实践的发展而修改或抛弃。他认为,中国特色社会主义同民主社会主义一样,是科学社会主义之外的一个社会主义流派。有人更是公开宣布,“只有民主社会主义才能救中国”,马克思、恩格斯晚年已经转变为民主社会主义者,所以伯恩斯坦才是马克思主义的正统,而列宁、斯大林、毛泽东则是“最大的修正主义者”,中国特色社会主义实质上就是民主社会主义。类似的观点并不仅仅是个别人的思想,而成为一股思潮,一度曾经蔓延于我国报纸杂志。

为什么这样的反马克思主义观点能够泛滥一时,而有的人却分辨不清、随声附和呢?从一定意义上说,这是同多年来不重视读马克思主义经典著作有关。不认真读马克思主义经典著作,不了解科学社会主义的基本原理,就看不清各种错误观点的实质,就不可能划清马克思主义同形形色色的反马克思主义的界限。这是近年来出现各种各样错误观点而有的人分辨不了是非的一个重要原因。

中央提出,要把我们党建设成为一个马克思主义的学习型政党,号召全党认真学习马克思主义经典著作,真学、真懂、真信、真用马克思主义基本原理。最近习近平同志特地强调指出:“马克思主义经典著作是马克思主义理论的本源。学习马克思主义经典著作,有利于从源头上完整准确地理解马克思主义,系统掌握马克思主义科学真理,也有利于深化对中国特色社会主义理论体系的理解和运用。没有马克思主义的理论基础,就谈不上把马克思主义基本原理同中国具体实际相结合。”他还说:“邓小平同志说,读马列要精,这个‘精’主要是指马克思主义导师们的经典著作。江泽民同志、胡锦涛同志也都强调老祖宗不能丢,丢了就丧失根本。”①这段话是具有强烈的针对性的。

认真读马克思主义经典著作,这是学习和研究科学社会主义的根本前提。不读马克思主义经典著作,就不可能弄懂科学社会主义,就会在各种错误思潮面前茫然失措。

第二,坚持理论联系实际,创造性地研究科学社会主义。

科学社会主义是一门不断发展的学问。随着时代的发展和变化,社会主义实践中不断出现新的形势、新的问题,科学社会主义基本原则必须同客观实际相结合,在指导实践的同时,不断丰富和发展自己。中国特色社会主义理论体系的创立和发展,就是一个典型。脱离了实践,不研究新的实际,科学社会主义就会成为一堆僵死的教条,毫无用处,更谈不上发展。

自马克思主义的科学社会主义理论诞生以来,世界社会主义事业发生了很大变化,取得了巨大成就,也出现了严重的挫折。十月革命的胜利,俄国建立了世界上第一个社会主义国家,科学社会

① 习近平:《做好新形势下干部教育培训工作》,载《学习时报》2010年10月25日。

主义第一次从理想变成了现实。第二次世界大战以后，欧洲、亚洲、拉丁美洲一系列国家建立了社会主义制度，社会主义事业出现了蓬勃发展的局面。但是，从 20 世纪 80 年代末起，苏联、东欧国家在民主社会主义思想的指导下，政局发生剧变，社会制度迅速由社会主义演变成为资本主义，世界社会主义事业跌入低潮。然而正是在这一时期，中国共产党把科学社会主义基本原理同中国的具体实际相结合，提出了中国特色社会主义理论体系，通过改革开放，社会主义事业大大向前推进，丰富和发展了科学社会主义理论。

社会主义在曲折中前进的复杂情景，必然引起各种思想问题，对科学社会主义的各个基本原理产生各种各样的看法。我国思想界对有关社会主义问题议论纷纷，莫衷一是，这是不可避免的。例如，十月革命是不是搞早了，是不是"早产儿"；如何评价苏联的社会主义实践，即"斯大林模式"，是"三七开"还是全盘否定；苏联解体的根本的、决定性的原因是什么，是社会主义实践中的失误和弊病，还是戈尔巴乔夫推行的人道的民主社会主义路线；如何评价新中国建立以来的历史，尤其是如何评价前 30 年和后 30 年的成就与问题；中国特色社会主义同科学社会主义是什么关系，能不能说中国特色社会主义实质上就是民主社会主义，中国为什么决不能搞民主社会主义；如何理解中央提出的"六个为什么"和划清"四个界限"；等等。诸如此类的思想问题，在学生中是相当普遍地存在的。在科学社会主义的教学和研究工作中不能回避这些问题，而应该给予正面的分析和回答。

学习和研究科学社会主义，必须密切联系实际，回答现实存在的各种问题。理论不回答问题，那就没有用了。联系学生的思想实际，创造性地研究科学社会主义，进一步坚定社会主义的信念，这是科学社会主义教学的根本任务。

现在是加强宣传和研究科学社会主义的最好时机。由美国次贷危机引发的世界金融危机，严重打击了资本主义国家的经济，发达资本主义国家至今还没有摆脱危机的阴影。这次危机充分暴露了资本主义的矛盾，说明资本主义制度是没有前途的。我国在世界金融危机面前，顶住了金融危机带来的冲击，经济继续快速发展，在世界上一枝独秀，充分显示出社会主义制度的优越性。事实再一次证明，科学社会主义关于资本主义必然灭亡、社会主义必然胜利这一论断是完全正确的，符合人类社会发展的规律，是经得住实践检验的客观真理。

2016年10月于北京

目录

第一章

社会主义观发展演变的历史考察

究竟什么是社会主义，目前在这个问题上理论界有各种各样的说法。有人大声疾呼“民主社会主义”，提出“只有民主社会主义才能救中国”；还有人提出“社会主义就是普遍幸福主义”“人民社会主义”“充分的社会保障就是社会主义”，等等。各说各的社会主义，最后究竟什么是社会主义也越来越说不清了，以至于人们一听到“社会主义”这个词就感觉腻烦。而实际上人们感到腻烦的是被歪曲了的“马克思主义”“社会主义”。为了彻底弄清楚这个问题，我们有必要重新回到马克思，看看马克思究竟说的是什么样的社会主义，马克思说的社会主义究竟是科学的还是空想的，马克思的社会主义和我们今天的社会主义究竟是一种什么关系。

一、马克思的社会主义观

在马克思、恩格斯那里，他们自始至终认为，在无产阶级夺取政权以后，将会首先经历一个过渡时期，然后进入共产主义。（见本章后图1）在1875年的《哥达纲领批判》中，马克思进一步把共产主义社会划分为“共产主义社会第一阶段”和“共产主义社会高级阶段”；当然这并不意味着未来的共产主义社会就只有这两个阶段，而是说：即使是未来的共产主义社会，也将是一个由低级到高级的逐步发展过程。马克思关于共产主义社会两阶段的划分实际上是他的唯物史观在社会发展阶段问题上的进一步体现。这样一来，实际上，在马克思、恩格斯看来，在无产阶级夺取政权之后，将依次经历这样大致三个阶段，即过渡时期、共产主义社会第一阶段、共产主义社会高级阶段。（见本章后图2）

这里需要说明，在马克思、恩格斯那里，"社会主义"与"共产主义"两个词基本上是同义语，二者在科学上是没有什么差别的。也就是说，在马克思主义创始人看来，所谓社会主义也就是共产主义，所谓共产主义也就是社会主义，根本不存在像我们今天这样把"共产主义第一阶段"叫作社会主义，而把"共产主义高级阶段"叫作共产主义。在国际共产主义运动的历史上，第一次把"共产主义第一阶段"叫作社会主义，而把"共产主义高级阶段"叫作共产主义是自列宁前后才开始的。

那么，既然这样，为什么马克思主义创始人还会使用这样两个不同的词来表示同样的意思呢？这是因为，在马克思、恩格斯那里，社会主义与共产主义这两个词的使用有个历史的演变过程。北京大学赵家祥、丰子义教授曾经对此作过说明①，笔者在参考和吸收其部分思想成果的基础上把这个过程大致概括为以下三个阶段：(1) 在《1844年经济学哲学手稿》这样的早期著作中，马克思把社会主义作为理想的社会制度；而共产主义则是一种运动，是实现社会主义的一个必经的环节。所以，在他看来，人们不应满足于进行共产主义运动，而应该通过共产主义运动而又克服它的局限性，超越共产主义这个环节而实现社会主义。(2) 到1847年，马克思对未来社会名称的使用情况发生了变化。他不仅不再把社会

① 赵家祥、丰子义：《马克思东方社会理论的历史考察和当代意义》，北京：高等教育出版社，2005年版，第263－268页。

主义社会看作人类发展的目标和人类社会的形式,而且摒弃社会主义这个名称。在《共产党宣言》中,马克思、恩格斯处处把自己称为共产主义者而不称为社会主义者,把未来社会称为共产主义社会而不称为社会主义社会。对此,恩格斯在为《共产党宣言》写的《1888 年英文版序言》和《1890 年德文版序言》中作了说明。他指出:"在 1847 年,所谓社会主义者是指两种人。一方面是指各种空想主义体系的信徒,特别是英国的欧文派和法国的傅立叶派,这两个派别当时都已经缩小成逐渐走向灭亡的纯粹的宗派。另一方面是指形形色色的社会庸医,他们想用各种万应灵丹和各种补缀办法来消除社会弊病而毫不伤及资本和利润。这两种人都是站在工人运动以外,宁愿向'有教养的'阶级寻求支持……在 1847 年,社会主义意味着资产阶级的运动,共产主义则意味着工人的运动。当时,社会主义,至少在大陆上,是上流社会的,而共产主义却恰恰相反。"①(3) 在《1848 年至 1850 年的法兰西阶级斗争》中,马克思在批判了无政府主义的社会主义、资产阶级的社会主义、小资产阶级的社会主义、空想的社会主义等各种社会主义流派以后,把自己的社会主义理论叫作革命的社会主义。自此以后,马克思就把代替资本主义社会的未来社会,既称作社会主义社会,又称作共产主义社会,社会主义和共产主义这两个词就基本上成为同义语。综上所述,可以看出,在马克思、恩格斯那里,社会主义与共产主义这两个词在科学上是没有什么差别的。

这样一来,由于马克思关于共产主义社会两个阶段的划分,实际上,向共产主义社会过渡就是向共产主义社会第一阶段过渡的意思,向共产主义社会过渡不可能跳过共产主义第一阶段而直接进入共产主义高级阶段,这是基本的常识。现在的问题是:究竟

---

① 《马克思恩格斯选集》第 1 卷,北京:人民出版社,1995 年版,第 264 页。

达到什么样的标准才算是进入了共产主义社会第一阶段呢？这个问题才是我们最为关心的。（见本章后图2）

那么马克思、恩格斯有没有给未来的共产主义制定一个标准呢？

首先应当说明，马克思、恩格斯历来非常反对对未来社会做详细的描述，在他们看来，对未来社会描述得越详细，越是陷入空想。但是，这绝不是说，马克思、恩格斯连未来共产主义社会第一阶段的基本条件、基本特征也说不清楚。而实际上，恰恰相反，关于未来社会的基本特征和条件，在马克思主义创始人的头脑中一直是非常清楚的。

马克思所说的共产主义社会第一阶段的基本特征，即马克思的社会主义观，最重要的基本特征有以下三个方面。

第一，社会所有制。

马克思所说的未来共产主义第一阶段的生产资料所有制是社会所有制。所谓社会所有制，即劳动者在全社会的范围内联合起来对生产资料和劳动产品的共同占有，也就是说，在全社会范围内，劳动者就是所有者，所有者也就是劳动者，劳动者与所有者已经合而为一了。换句话说，就是人与人之间在生产资料的占有关系上已经没有任何区别。关于未来社会的所有制，马克思和恩格斯有多种不同的表述，如"现代社会主义公有制"、"社会个人所有"、"公有"、"财产共有"、"全部生产集中在联合起来的个人手里"，等等，所有这些表述指的都是社会所有制的意思。

马克思、恩格斯所说的社会所有制，我们今天通常称之为公有制；但是马克思、恩格斯所说的社会所有制、公有制根本不同于后来社会主义实践中出现的全民和集体两种公有制并存的公有制模式，更不存在现在人们所说的"公有制的多种实现形式"①。他们

① 智效和：《辩证马克思的社会主义观》，载《经济科学》2002年第4期。

曾经批评杜林的"经济公社"模式,其实杜林所说的"经济公社"实际上也就相当于我们今天的集体所有制。即使如此,马克思和恩格斯仍然对杜林进行了批评,指出这种所谓的社会主义公有制模式是企图保留资本主义,因为在这种经济公社模式下"人仍旧要服从竞争"①。马、恩也的确讲过无产阶级夺取政权后可以利用合作社来改造农民,但他们指的都是无产阶级夺取政权以后的过渡时期,并非未来的共产主义社会。

时下还有人把股份制混同于马克思的社会所有制,这就与马克思主义创始人的本意更是南辕北辙了。判断一种生产资料所有制的性质,不能只停留在所有制的形式,也就是说,不能只看是一个人占有,还是几个人占有,而是主要依据生产资料与劳动者相结合的社会方式。马克思所说的社会所有制,是那种全部生产资料与全社会的劳动者直接结合在一起的社会所有制。这种社会所有制,既不同于剥削阶级社会的生产资料与劳动者的相分离的所有制,也不同于小生产条件下的那种个人占有生产资料并且以个人劳动为基础而不剥削别人劳动的个人所有制。股份制虽然在形式上不是一个人私自占有,但是在股份制条件下生产资料与劳动者依然是相分离的。所以股份制根本不是马克思所讲的公有制或社会所有制的意思。其实,马克思、恩格斯已经讲得很清楚:股份制只是"由资本主义生产方式转化为联合的生产方式的过渡形式"②。

不过,这里需要指出的是,马克思所说的社会所有制的实现是有条件的,这个条件就是生产力的充分发展和社会物质财富的极大丰富。就是说,马克思所说的社会所有制的实现是以生产力的

① 《马克思恩格斯选集》第3卷,北京:人民出版社,1995年版,第639页。
② 《马克思恩格斯全集》第25卷,北京:人民出版社,1974年版,第498页。

高度发达为前提的,而绝不是那种不顾生产力的实际水平、单纯依靠生产关系的变革所能达到的。

这里还要指出的是:在马克思、恩格斯看来,共产主义社会第一阶段和高级阶段都是社会所有制。因为在《哥达纲领批判》中,马克思虽然区分了共产主义社会两阶段和这两个阶段不同的分配方式,但并没有区分两阶段的所有制。

第二,无商品货币关系。

按照马、恩的逻辑,由于共产主义社会第一阶段已经实现了生产资料的社会所有制,人们同生产资料的关系已经不存在任何差别,因此商品生产和商品交换自然就成为多余的了。在他们看来,由于实行社会所有制,旧的社会分工和生产资料属于不同所有者这样商品生产和商品交换的两个条件已经不存在了,人们使用共同占有的生产资料进行共同的劳动所生产的劳动产品自然也就不需要再通过价值的形式表现为商品出卖了。

马克思曾经批判蒲鲁东、杜林之流企图永远保留商品生产的小资产阶级社会主义观。蒲鲁东和杜林等人幻想有不使资本主义介入的纯粹的商品生产,他们既要永远保留商品生产,又不想要资本主义剥削这个后果,既想保留资本主义的基础,又想消除资本主义的弊端,这在马克思看来是根本不可能的。①

在马克思、恩格斯看来,在共产主义社会(包括它的第一阶段),不仅消灭了商品生产和商品交换,而且必然实行计划经济,这是同一个问题的两个方面。消灭商品生产和实行计划经济都是实行社会所有制的必然结果。正如恩格斯在《反杜林论》中所指出的那样:"一旦社会占有了生产资料,商品生产就将被消除,而产品对生产者的统治也将随之消除。社会生产内部的无政府状态将

① 智效和:《辩证马克思的社会主义观》,载《经济科学》2002 年第 4 期。

为有计划的自觉的组织所代替。”①因此，计划经济是以社会所有制为基础的，是与社会所有制须臾不可分离的。而实际上，消灭私有制与消灭商品经济、实行计划经济之间的关系是内在统一的。马克思之所以在主张消灭私有制的同时强调必须实行计划经济，这是因为只有计划经济才能在全社会范围内合理地组织劳动，才能避免供需矛盾和经济危机。因此，在马克思、恩格斯看来，公有制与计划经济是一种鱼与水的关系。在共产主义社会第一阶段，只要实行了社会所有制，商品（市场）经济必然为计划经济（产品经济）所代替。

时下人们常常批评斯大林和毛泽东时代的计划经济。其实，斯大林和毛泽东时代实行的计划经济根本不同于马克思主义创始人所说的计划经济。关于这个问题，我们将在第四章中专门展开来谈，在此恕不赘述。

第三，无阶级、无国家。

马克思、恩格斯所说的共产主义社会（包括它的第一阶段）是无阶级的，而无阶级的社会在逻辑上也必然是无国家的。这是因为：所谓阶级就是人们同生产资料的不同关系。在共产主义第一阶段，由于实行社会所有制，由于人与人之间在同生产资料的关系上已经没有区别，所以阶级自然也就不复存在。而国家作为阶级统治和压迫的暴力工具，在没有阶级的情况下，当然也就不存在了。马克思、恩格斯关于未来社会无阶级、无国家的结论，同生产力水平的高度发达、实行社会所有制和消灭商品货币关系在逻辑上是完全一致的。正如恩格斯所说：阶级的“划分是以生产的不足为基础的，它将被现代生产力的充分发展所消灭”。“社会阶级

① 《马克思恩格斯选集》第3卷，北京：人民出版社，1995年版，第633页。

的消灭是以生产高度发展的阶段为前提的。”①

在1847年上半年写的《哲学的贫困》中，马克思指出：“工人阶级解放的条件就是要消灭一切阶级……工人阶级在发展进程中将创造一个消除阶级和阶级对立的联合体来代替旧的资产阶级社会；从此再不会有任何原来意义的政权了。”②这就是说，在马、恩的设想中，从一开始，未来社会就是不存在阶级和国家的。在马克思起草的《共产主义者同盟章程》中，第一条就明确规定“同盟的目的：推翻资产阶级政权，建立无产阶级统治，消灭旧的以阶级对立为基础的资产阶级社会和建立没有阶级、没有私有制的新社会”③。在《共产党宣言》中，马克思、恩格斯指出：“代替那存在着阶级和阶级对立的资产阶级旧社会的，将是这样一个联合体，在那里，每个人的自由发展是一切人的自由发展的条件。”④在《哥达纲领批判》中，马克思划分了共产主义社会的两阶段，并且明确提出共产主义社会第一阶段实行“按劳分配”、高级阶段实行“按需分配”，应该说，马克思在这里发展了他过去的未来社会理论；但是这种发展也绝没有达到否定社会所有制、承认商品经济、阶级和国家的地步。相反，他认为“按劳分配”这种平等的权利按照原则仍然是资产阶级权利，但是“它不承认任何阶级差别，因为每个人都像其他人一样只是劳动者”⑤。这就是说，在共产主义社会第一阶段，尽管还存在着事实上的不平等，但阶级和阶级差别已经没有了，因为所谓阶级也就是劳动者与生产资料的不同关系；当生产资料已经实现全社会共同所有的时候，劳动者在同生产资料的关系

① 《马克思恩格斯选集》第3卷，北京：人民出版社，1995年版，第632页。
② 《马克思恩格斯全集》第4卷，北京：人民出版社，1958年版，第197页。
③ 《马克思恩格斯全集》第4卷，北京：人民出版社，1958年版，第572页。
④ 《马克思恩格斯选集》第1卷，北京：人民出版社，1995年版，第294页。
⑤ 《马克思恩格斯选集》第3卷，北京：人民出版社，1995年版，第305页。

上已经没有任何区别，因此，尽管还有事实上的不平等，但阶级和阶级差别已经不存在了。在《反杜林论》中，恩格斯指出："无产阶级将取得国家政权，并且首先把生产资料变为国家财产。但是这样一来，它就消灭了作为无产阶级的自身，消灭了一切阶级差别和阶级对立，也消灭了作为国家的国家……国家真正作为整个社会的代表所采取的第一个行动，即以社会的名义占有生产资料，同时也是它作为国家所采取的最后一个独立行动。"①有人以现实社会主义仍然存在阶级和国家为由否定马克思关于未来社会设想的科学性，其实这完全是一种误解。

这里有两个容易引起歧义的地方需要做些说明：

第一，在马克思、恩格斯的著作里，"阶级""阶级差别"和"阶级对立"这几个词往往是同义语，常常互用，实质上并无差别。因此，"消灭阶级"也就是"消灭一切阶级差别"、"消灭阶级对立"的意思。不存在阶级消灭了，还存在阶级差别和阶级对立的问题。

第二，在《哥达纲领批判》中，马克思认为，"刚刚从资本主义社会中产生出来"的共产主义社会第一阶段自然"在各方面，在经济、道德和精神方面都还带着它脱胎出来的那个旧社会的痕迹"，他把自然会存在的事实上的不平等叫作"资产阶级权利"。其实，这里的"资产阶级权利"不过是一种诙谐的说法，决不能作为共产主义第一阶段仍然存在资产阶级的证据。② 这是因为，共产主义社会第一阶段同资本主义社会相比，毕竟是根本不同的。尽管还存在这样那样的弊端和事实上的"不平等"，但这种"不平等"却是以平等为基础的，这里的"平等"体现在哪里呢？在共产主义社会第一阶段，由于已经实现了生产资料的社会所有，每个劳动者同生

---

① 《马克思恩格斯选集》第 3 卷，北京：人民出版社，1995 年版，第 630－631 页。
② 《马克思恩格斯选集》第 3 卷，北京：人民出版社，1995 年版，第 304 页。

产资料的关系已经没有任何区别。也正如马克思所指出的那样，在共产主义社会第一阶段，是“不承认任何阶级差别”①的。也就是说，共产主义社会第一阶段，尽管与高级阶段相比，成熟程度还不够高，还存在着种种弊端；但它毕竟已经是实现了生产资料的社会所有和消灭了一切阶级和阶级差别的社会，已经是无阶级社会。消灭阶级和阶级差别，这是实行社会所有制的必然结果。实行社会所有，没有阶级和阶级差别，这也是共产主义社会第一阶段和高级阶段的共同特点，并非共产主义社会高级阶段所独有。

马克思、恩格斯所说的共产主义（包括第一阶段）还有许多其他方面的特征，在这里恕不赘述。总之，马克思、恩格斯的社会主义是生产力高度发达基础上的社会主义，是实行社会所有制和消灭了商品货币关系并且实行计划经济的社会主义，是已经消灭了阶级和国家的社会主义。

二、列宁与马克思社会主义观的一致性

在社会主义观上，列宁与马克思是什么关系呢？应当说，从表述上来看，列宁与马克思的确存在很大的差别。如前所述，在国际共产主义运动史上，列宁第一个把“共产主义社会第一阶段”称作“社会主义”、而把“共产主义社会高级阶段”称作“共产主义”。据笔者所查，最早在《无产阶级在我国革命中的任务》一文中，列宁已经开始了这种用法。比如，他指出：“人类从资本主义只能直接过渡到社会主义，即过渡到生产资料公有和按每个人的劳动量分配产品。我们党看得更远些：社会主义必然逐渐成长为共产主

① 《马克思恩格斯选集》第3卷，北京：人民出版社，1995年版，第305页。

义,而在共产主义的旗帜上写的是:‘各尽所能,按需分配’。”①在这里,他已经区分了按劳分配的共产主义社会第一阶段和按需分配的共产主义社会高级阶段,并把前者称作“社会主义”、而把后者称作“共产主义”。由此不难看出:在马克思、恩格斯那里,社会主义与共产主义在科学上是没有任何差别的;而到了列宁这里,社会主义与共产主义在科学上的差别却是“很明显”的。(不过这里也需要说明,如果以为列宁说的“社会主义”都是指“共产主义社会第一阶段”、“共产主义”都是指“共产主义社会高级阶段”,那就错了;因为在很多时候,列宁对这两个词的使用是很随便的,并无一定之规。)

实际上,列宁尽管在一定程度上改变了共产主义社会两个阶段的表述,但他并没有改变共产主义社会两个阶段的实际内容。也就是说,在对社会主义(即共产主义社会第一阶段)的看法上,列宁与马克思是没有什么差别的。

有人说,列宁提出了“两种所有制的社会主义”,其实,这完全是一种误解。列宁的确说过“合作社的发展也就等于……社会主义的发展”,“我们不得不承认我们对社会主义的整个看法根本改变了”。② 但是,这里根本改变的只是合作社与争取社会主义的关系,正如列宁自己所解释的那样:“这种根本改变表现在:从前我们是把重心放在而且也应该放在政治斗争、革命、夺取政权等等方面,而现在重心改变了,转到和平的‘文化’组织工作上去了。”③过去自欧文以来的合作社社会主义者企图不经过阶级斗争、革命和夺取政权,而单靠合作社运动来达到和平改造资本主义的目的,这在马克思主义者看来,完全是一种十足的幻想;现在,无产阶级已

① 《列宁全集》第29卷,北京:人民出版社,1985年,第178页。
② 《列宁全集》第43卷,北京:人民出版社,1987年,第367页。
③ 《列宁全集》第43卷,北京:人民出版社,1987年,第367页。

经夺取政权,用合作社来争取社会主义就不再是一种幻想而是十分必要的了。从这里根本不可能得出列宁有合作社所有制的社会主义的结论,因此关于列宁提出了所谓"两种所有制的社会主义"的说法是根本不能成立的。①

还有人说,列宁提出了商品经济的社会主义,其实不然,这实际上是把列宁新经济政策中的商品经济误解为社会主义的商品经济,这种观点也是难以站得住的。新经济政策只不过是一种迂回过渡的政策即利用资本主义的政策,连社会主义改造即直接过渡都谈不上,怎么可能超越阶段成为社会主义的政策呢?事实上,斯大林是在 1936 年宣布进入社会主义的,他是否提前宣布进入了社会主义,我们暂且不管,单以他宣布进入社会主义的时间来看,列宁的新经济政策也只是处在过渡时期,而且只是处在过渡时期的初期,根本不是社会主义。提出上述看法的人实际上是自觉或不自觉地取消了在资本主义和共产主义社会第一阶段之间的过渡时期,这也就等于说,在他们看来,无产阶级一经夺取政权无需经过过渡时期就可以进入共产主义社会第一阶段,而这样的结论恰恰又是他们所不愿接受的。

还有人以列宁多次说过的"社会主义就是消灭阶级"为依据,提出列宁认为社会主义社会是仍然存在阶级的社会。这种理解是不符合列宁本意的。列宁这句话的意思是说,社会主义社会是已经消灭了阶级的社会,或者社会主义社会是无阶级的社会。我们来看看列宁是怎么看待这个问题的。1919 年 5 月《在全俄社会教育第一次代表大会上的讲话》中,列宁指出:"我们要争取的平等就是消灭阶级。因此也要消灭工农之间的阶级差别……工农之间

① 参考智效和:《列宁是否改变了马克思的社会主义观》,载《政治学研究》2002 年第 2 期。

还有阶级差别的社会，既不是共产主义社会，也不是社会主义社会。”①他还指出：“我们正在进行阶级斗争，我们的目的是消灭阶级。只要还存在着工人和农民，社会主义就还没有实现。”②

还有人以列宁说的共产主义社会第一阶段“国家还没有完全消亡……要使国家完全消亡，必须有完全的共产主义”③为由，认为无产阶级专政的国家一直存在到共产主义社会第一阶段，只有到了高级阶段国家才会消亡。这也完全是误解。其实，列宁是从国家消亡过程的角度提到在共产主义社会第一阶段还有“国家”的。恩格斯和列宁都把具有政治职能和阶级压迫工具性质的国家叫作“政治国家”④，资产阶级专政的国家和无产阶级专政的国家都属于政治国家；列宁又把马克思在《哥达纲领批判》中所说的“未来共产主义社会的国家制度”中的“国家”叫作“非政治国家”⑤。列宁讲的国家消亡包括两个阶段：第一阶段是无产阶级专政的国家，它仍然具有政治职能和阶级压迫性质，仍然属于“政治国家”；第二阶段指的是在共产主义社会第一阶段还没有完全消亡的国家，它已经不具有政治职能和阶级压迫性质，已经属于“非政治国家”，其实这已经不是国家。而到了共产主义社会高级阶段，国家则完全消亡。至于列宁多次讲到“（半资产阶级）国家”“资产阶级国家”“资产阶级国家，——但没有资产阶级”等则完全是一种诙谐的说法。⑥ 总之，从这里根本得不出列宁认为在共产主义

① 《列宁全集》第36卷，北京：人民出版社，1985年版，第341页。
② 《列宁全集》第38卷，北京：人民出版社，1986年版，第332页。
③ 《列宁全集》第31卷，北京：人民出版社，1985年版，第91页。
④ 《列宁全集》第31卷，北京：人民出版社，1985年版，第59页。
⑤ 《列宁全集》第31卷，北京：人民出版社，1985年版，第60页。
⑥ 参考智效和：《列宁是否改变了马克思的社会主义观》，载《政治学研究》2002年第2期。

社会第一阶段仍然有国家的结论。

总之,列宁并未改变马克思的社会主义观,列宁与马克思、恩格斯的社会主义观是一致的。

三、斯大林的社会主义观

在国际共产主义运动的历史上,第一个改变马克思社会主义观的是斯大林。

实际上,斯大林不仅对马克思、恩格斯、列宁的社会主义理论非常清楚,而且在实践中,在相当长的时期内,特别是在20世纪30年代以前,是一直坚持马克思的无阶级的社会主义理论的。比如,1918年斯大林指出:“目前过渡时期俄罗斯苏维埃联邦社会主义共和国宪法的基本任务在于建立城乡无产阶级和贫农的专政,即强有力的全俄苏维埃政权,以彻底镇压资产阶级,消灭人剥削人的现象并建立既没有阶级区分也没有国家政权的社会主义制度。”① 在这里,他区分了实行无产阶级专政的“过渡时期”和“既没有阶级区分也没有国家政权的社会主义制度”。1926年在《论列宁主义的几个问题》中,斯大林在讲到无产阶级专政的三个方面任务之一时指出:“利用无产阶级政权来组织社会主义,消灭阶级,过渡到无阶级的社会,即过渡到社会主义社会。”②在这里,他仍然坚持了无阶级的社会主义社会的提法。1927年9月在和第一个美国工人代表团的谈话中,斯大林不仅指出“无产阶级专政时期”就是“由资本主义过渡到社会主义的时期”、社会主义社会就是“没有阶级的社会、没有国家的社会”,而且说在这个问题上“列宁是完

① 《斯大林全集》第4卷,北京:人民出版社,1956年版,第73页。
② 《斯大林选集》上卷,北京:人民出版社,1979年版,第410页。

完全全以马克思和恩格斯的这些基本原理为根据的"。[①] 1928 年在给库什特谢夫的信中,他指出:"我们常常说,我们的共和国是社会主义共和国。这是不是说我们已经实现了社会主义,消灭了阶级,并取消了国家(因为社会主义的实现意味着国家的消亡)?或者,这是不是说在社会主义制度下还会有阶级、国家等存在?显然不是这个意思。既然如此,我们有没有权利把我们的共和国叫做社会主义共和国呢?当然有。这是从什么样的观点来看呢?这是从我们决心和准备实现社会主义、消灭阶级等等的观点来看的。"[②]当然,斯大林在这里所说的实际上也是列宁的观点。可以看出,斯大林在这里仍然坚持认为社会主义社会就是无阶级、无国家的社会。即使是在 1936 年宣布苏联基本上实现社会主义的《关于苏联宪法草案》的报告中,斯大林仍然坚持沿用了"无阶级的社会主义"的提法。[③]

但是,1936 年斯大林在《关于苏联宪法草案》的报告中,在还有工人阶级和农民阶级、知识分子存在的情况下,即在刚刚消灭了剥削阶级、远未消灭阶级的情况下,就提前宣布基本上实现了社会主义,并且说这就是马克思的共产主义社会第一阶段。"基本上实现"表明斯大林对当时的苏联社会叫作社会主义还留有余地,表明当时的苏联还没有达到无阶级的社会主义的标准;但既然已经宣布基本实现,那就是说,在他看来,尽管还没有实现,不过已经为时不远了。尽管他在同一个报告中仍然沿用了"无阶级的社会主义"的提法,但由于在实践中已经宣布基本上实现了社会主义,加上消灭阶级的任务连续两个五年计划都没有能够完成,他也就逐

① 《斯大林选集》上卷,北京:人民出版社,1979 年版,第 612 页。
② 《斯大林全集》第 11 卷,北京:人民出版社,1955 年版,第 268 – 269 页。
③ 《斯大林选集》下卷,北京:人民出版社,1979 年版,第 396 页。

渐不再把“无阶级”看作是社会主义即共产主义第一阶段的特征了,而是看作只有到共产主义高级阶段以后才能做到的事情。这样一来,他实际上就降低了马克思的社会主义标准,从而确立了一种新的社会主义观。(见本章后图3)斯大林所宣布进入的社会主义实际上是刚刚消灭了剥削阶级、远未消灭阶级的社会主义,这是一种根本不同于马克思的社会主义观。按照马克思的社会主义标准,斯大林所说的社会主义只不过仍然处在过渡时期。

20世纪的社会主义实践证明,经济文化落后国家的无产阶级在夺取政权后,要过渡到马克思所说的生产资料社会所有、没有商品货币关系、没有阶级和国家的共产主义社会第一阶段,将是一个十分漫长的过程。斯大林以来的这些落后国家的社会主义,是否一定要等到完全具备马克思所说的各方面条件才可以称为社会主义呢?客观地看,斯大林把仅仅消灭了剥削阶级、尚未消灭阶级的社会称作“社会主义”也并非不可;问题是他必须说清楚他的这种“社会主义”还不是马克思的共产主义社会第一阶段或列宁的社会主义。斯大林的错误就在于,他不仅没有说清楚他的这种“社会主义”与马克思的共产主义社会第一阶段的差别,而且说他的这种“社会主义”就是马克思的共产主义社会第一阶段。①

斯大林是一位伟大的马克思主义者,他的功绩是不可磨灭的;但是他在理论上失误的影响也是不可忽视的。(1)提前宣布实现社会主义,降低了社会主义的标准。当斯大林在全苏苏维埃第八次非常代表大会上宣布“基本实现”社会主义时,与会代表报之以长时间鼓掌;世界进步人士奔走相告,人们为之精神振奋。但是,当人们冷静下来以后,却发现现实中的社会主义竟然有着如此多的不足。加上一些别有用心的人的歪曲,社会主义居然成了“贫

---

① 智效和:《辩证马克思的社会主义观》,载《经济科学》2002年第4期。

穷”“落后”的代名词。原来那么美好的社会主义制度，在现实生活中却也不过如此。人们对社会主义开始大打折扣，产生了许许多多的疑虑和困惑。(2) 提前宣布实现社会主义，为急于向共产主义高级阶段过渡埋下了伏笔。继 1936 年宣布“基本实现”社会主义之后，1939 年斯大林在联共(布)十八大上又提出向共产主义过渡。1946 年他又宣称一个国家内的共产主义是完全可能的。在斯大林之后，赫鲁晓夫搞的仍然是急于过渡。他在 1959 年苏共二十一大上提出苏联已经进入“开展共产主义建设时期”。1961 年在苏共二十二大上又提出苏联“二十年基本上建成共产主义社会”。20 世纪各社会主义国家的急于过渡，大多与斯大林提前宣布“基本实现”社会主义有关系。(3) 提前宣布实现社会主义，被赫鲁晓夫利用来作为大搞修正主义的借口。在赫鲁晓夫看来，既然已经宣布进入社会主义，即马克思所说的共产主义社会第一阶段，那么，根据马克思的观点，在这样的社会里就应该是没有阶级、没有国家的。于是“三和两全”(“三和”即和平共处、和平竞赛、和平过渡，“两全”即全民国家、全民党)这一套系统的修正主义理论就冒了出来。(4) 提前宣布实现社会主义，造成了理论与现实之间的巨大矛盾。一方面，既然已经宣布进入社会主义，那么，就应该按照马克思的共产主义社会第一阶段的理论去指导现实的实践，就不应该有商品和货币，不应该有阶级和国家；而现实中又离不开商品和货币，又不能不讲阶级斗争和无产阶级专政。理论与实践总是抬杠。另一方面，人们又往往根据现实生活来评判理论。拿现实生活中存在的矛盾和问题来贬低甚至否定马克思的科学理论，比如，经常有人说马克思没有预料到社会主义还有多种经济成分和商品经济，等等。这就是说，人们在实践中既不遵从马克思，然而出了问题又常常归罪于马克思。本来是科学的理论，却被一些人无端地斥为过时的教条；本来是科学巨匠，却遭受极端的不公。

那么,斯大林在明明知道马克思和列宁的无阶级的社会主义理论的情况下,怎么会在明显不具备条件的情况下提前宣布进入社会主义,并且说这就是马克思的共产主义社会第一阶段呢?根据我们的分析和研究,下面两个方面的原因应该是主要的:一方面,这同他对当时苏联社会经济的发展状况估计过于乐观有关系,也同他脱离生产力的实际水平来观察社会发展的方法有关系;另一方面,也同他对"阶级"与"剥削阶级"的理解有关系。他之所以在1936年宣布进入社会主义,是因为在他看来,阶级很快就会消灭;之所以用"基本上消灭",是说在宣布进入社会主义的当时还没有完成消灭阶级的历史任务,但是已经不需要多久就会完成消灭阶级的任务,不过是提前宣布了几天而已。在他看来,消灭了剥削阶级,也就等于消灭了阶级。

实事求是地说,消灭剥削阶级当然并不等于消灭阶级,两者还是有差别的;但是,这种差别也并不像时下人们所想象的那么大。因为按照马克思、恩格斯的设想,无产阶级革命发生在发达资本主义,在这样的国度中,由于工业化程度很高,阶级成分比较简单(主要是资产阶级和无产阶级),因此在无产阶级夺取政权后,在废除了私有制和消灭了剥削阶级以后,离消灭阶级也就不远了。因此马克思、恩格斯所说的"阶级"主要是一种剥削关系。列宁也是这么理解的。在《伟大的创举》中,他指出:"所谓阶级,就是这样一些大的集团,这些集团在历史上一定的社会生产体系中所处的地位不同,同生产资料的关系(这种关系大部分是在法律上明文规定了的)不同,在社会劳动组织中所起的作用不同,因而取得归自己支配的那份社会财富的方式和多寡也不同。所谓阶级,就是这样一些集团,其中一个集团能够占有另一个集团的劳动。"①在《青年

① 《列宁选集》第4卷,北京:人民出版社,1995年版,第11页。

团的任务》中，他指出：“阶级究竟是怎么回事呢？这就是允许社会上一部分人占有别人的劳动。”①然而，需要注意的是，20世纪的社会主义革命却是发生在经济文化比较落后的国家，这些国家一般来说工业化程度都不高，农业人口占大多数。这些国家的无产阶级在夺取政权后，在完成废除私有制和消灭剥削阶级以后，离消灭阶级还有很远的路要走。因此，斯大林把消灭剥削阶级基本等同于消灭阶级的做法是脱离生产力的实际发展水平，不符合苏联社会客观实际的。在这一点上，列宁要远比斯大林清醒得多。列宁曾经多次强调：要使社会主义取得胜利，只打倒资本家是不够的，还必须消灭无产阶级和农民之间的差别。我们的目的是消灭阶级。只要还存在着工人和农民，社会主义就还没有实现。② 列宁的这些话至今仍然具有重要的现实指导意义。

由于毛泽东在实践中与斯大林的社会主义观大同小异，所以关于毛泽东在这个问题上的看法，我们就略去不谈。因为斯大林的社会主义观实际上也代表了毛泽东的看法。

如果有人借口斯大林和毛泽东的失误而对他们否定和污蔑，我们是坚决不能同意的。正如鲁迅先生所说的那样：有缺点的战士毕竟是战士，完美的苍蝇毕竟是苍蝇。

四、改革开放以来的社会主义观

改革开放以来，我们纠正过去超越阶段的“一大二公”的“急躁”、“冒进”的错误，在所有制结构上，实行以公有制为主体、多种经济成分共同发展；在经济体制上，确立了社会主义市

① 《列宁全集》第39卷，北京：人民出版社，1986年版，第304页。
② 《列宁全集》第38卷，北京：人民出版社，1986年版，第332页。

场经济体制的改革目标；在分配制度上，实行以按劳分配为主体、多种分配方式并存，按劳分配与按生产要素分配相结合的分配制度。

实际上，这是确立了又一种新的社会主义观，一种既不同于马克思、也不同于斯大林的新的社会主义观。如果说马克思、恩格斯、列宁的社会主义是没有阶级的社会主义，斯大林、毛泽东的社会主义是有阶级、但是没有剥削阶级的社会主义；那么，改革开放以来的社会主义实际上就是不仅有阶级，而且也有剥削的社会主义。(见本章后图4)这是因为改革开放在一定程度上就是恢复和利用资本主义，是利用资本主义来建设社会主义。在私营、外资经济存在的情况下，是不可能不存在劳资矛盾和剥削关系的，只是在理论上我们是否愿意接受这种说法罢了。当然，私营、外资企业是否存在劳资矛盾和剥削关系是一回事；而现阶段是否有必要利用私营、外资经济则完全是另一回事。既不能因为私营、外资经济必然产生劳资矛盾和剥削关系，现阶段就拒绝利用；也不能因为现阶段有必要利用私营和外资经济，就否认其存在劳资矛盾和剥削关系的客观事实。

五、结 论

第一，综合上述分析，可以看出，社会主义观的发展演变经历了三个阶段：即无阶级的社会主义，有阶级但是没有剥削阶级的社会主义，不仅有阶级而且也有剥削的社会主义。社会主义的标准一再降低，社会主义似乎成了一根橡皮筋，可以随意地拉长或缩短。结果是社会主义在人们心目中的形象越来越差。这样一来，就形成了三种不同的社会主义标准，而且各说各的社会主义，又各有各的道理。最后究竟什么是社会主义，也真是说不清了。于是就有人提出什么“社会主义就是普遍幸福主义”、什么“人民社会主义”，等等。

总之，斯大林和毛泽东的社会主义不同于马克思的社会主义，而改革开放以来的社会主义不仅不同于马克思的社会主义，而且也不同于斯大林和毛泽东的社会主义。因此，20世纪以来现实各国的社会主义都还不是马克思的共产主义社会第一阶段或列宁的社会主义，而只是相当于马克思的过渡时期；把现阶段叫作社会主义也未尝不可，但是一定要从理论上说清楚，现实社会主义并非马克思的共产主义第一阶段，而是尚未完成马克思过渡时期历史任务的社会主义，用邓小平的话说，就是“不够格”的社会主义①。其实现阶段究竟叫什么并不重要，重要的是究竟应该用什么样的理论来指导现实的社会主义实践，才能避免理论与实践的严重错位，增强思想政治教育的说服力，从而促使中国特色社会主义事业的健康发展。

第二，究竟应该以谁的社会主义为标准呢？我以为，还是应该以马克思的社会主义观为标准。这也正如商标和商品的关系一样。我们不妨以茅台酒为例来说明这个问题。茅台酒之所以是茅台酒，是由各种具体指标来决定的。达不到这些指标当然不能叫茅台酒，自然不应该使用茅台酒的商标。那么这些指标应该由谁来决定呢？当然应该由最初生产茅台酒的贵州茅台镇的茅台酒厂来决定。如果有人在北京二锅头贴上一个茅台酒的商标，你也要当作茅台酒来购买吗？难道可以以一种仿造的“茅台”作为检验真假“茅台”的标准吗？

有人可能提出，马克思生活在一百多年以前，以他的社会主义观为标准来判断我们今天是否已经达到社会主义，这样做是不是

① 《邓小平文选》第3卷，北京：人民出版社，1993年版，第225页。

在搞教条主义呢？马克思主义、马克思的社会主义观是否需要发展呢？首先我们应该承认，任何科学的理论都是需要发展的，马克思主义、马克思的社会主义观也不例外；但是，发展马克思主义、发展马克思的社会主义理论必须遵循马克思主义的逻辑。马克思、恩格斯并没有结束对社会主义的认识，马克思的社会主义理论给后人留下了很大的发展空间，这主要体现在关于社会主义的许多具体内容方面。但是，发展马克思主义不能违背马克思主义的逻辑，不能从根本上抛弃马克思对社会主义的基本认识，否则发展马克思主义就会变成否定马克思主义。与此相联系，也不能把坚持科学的认识当作教条主义，只要是科学的认识，只要是真理，不论时间多么久远，都要坚持。难道孔夫子的历史不比马克思更悠久吗？为什么我们今天还要继承孔夫子呢？布鲁诺的太阳中心说也已经四五百年了，难道也已经过时了吗？凡是正确的、科学的认识就要坚决坚持，不能以产生时间的长短或先后作为正确与否的依据。也有一些理论倒是刚提出不久，却是伪科学，比如法轮功。实践证明：越是经历了时间和实践的长期检验的理论认识越是科学的，就越是需要坚持的。

我们之所以要坚持以马克思的社会主义观为标准，也是因为：只有实现了社会所有制、消灭了商品经济、消灭了阶级和国家的社会主义才能使人类社会彻底得到解放。如果有人把奴隶制社会说成是社会主义社会，也许没有人和他抬杠，但那样的社会主义能够实现人类的彻底解放吗？难道仍然存在资本剥削的社会主义能够实现人类的彻底解放吗？难道仍然存在私有制的社会主义能够实现人类社会的彻底解放吗？

第三，只有实事求是地承认我们今天的社会主义仍然处在马克思说的过渡时期，才能纠正理论与实践之间的严重错位，才能增强党的思想理论的科学性和说服力，才能保证中国特色社会主义事业健康顺利发展，才能更好地坚持、巩固和发展社会主义。

时下，人们往往拿现实去批评马克思，比如说什么马克思没有预料到社会主义社会还有多种经济成分并存，说什么马克思没有预料到社会主义社会还有商品经济，等等。其实，这种批评是没有道理的。如果马克思还活着，他就会起来为自己辩驳：“你所说的社会主义不是我的社会主义，因此我也不反对你的社会主义仍然需要实行多种经济成分和商品经济。不是我空想，而是你鲁莽！”马克思大概会打个比方，比如一个人住在哈尔滨，但他忍受不了哈尔滨的冰天雪地，有人就建议他去广州，说广州冬天不下雪，结果他真的就是要去广州，在火车上迷迷糊糊睡着了，突然听到喇叭广播，说“广州”火车站到了，于是，他匆忙拿着行李往下跑，下车一看，原来这里也是鹅毛大雪，于是感觉上当了，非常生气，就破口大骂建议他去广州的人。静下来一看，原来这里根本不是广州，而是郑州，他是把郑州误当作广州提前下车了。实际上错的不是别人，正是他自己。广州冬天一般是不下雪的，但是你才来到郑州，下雪不是很正常的事情吗？同样的道理，我们今天仍然处在过渡时期，远未进入马克思说的共产主义第一阶段，所以现阶段存在多种经济成分和商品经济不是很正常的吗？

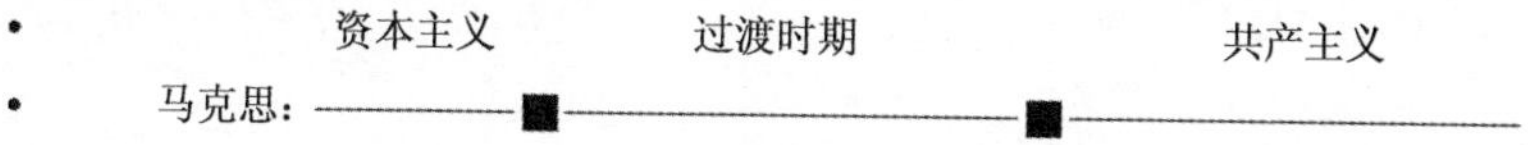

图 1

图 2

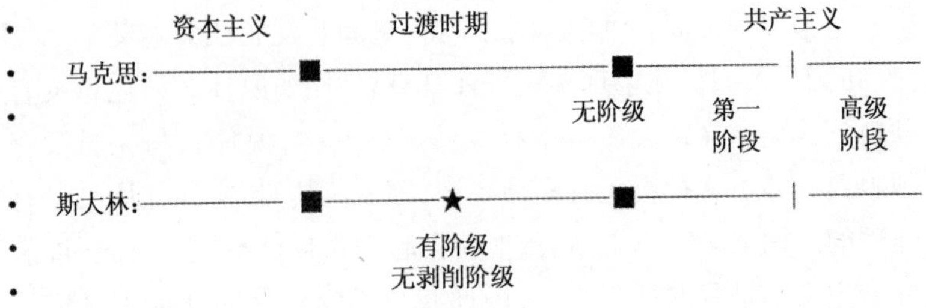
资本主义
过渡时期
共产主义
马克思：
无阶级
第一
阶段
高级
阶段
斯大林：
有阶级
无剥削阶级

图 3

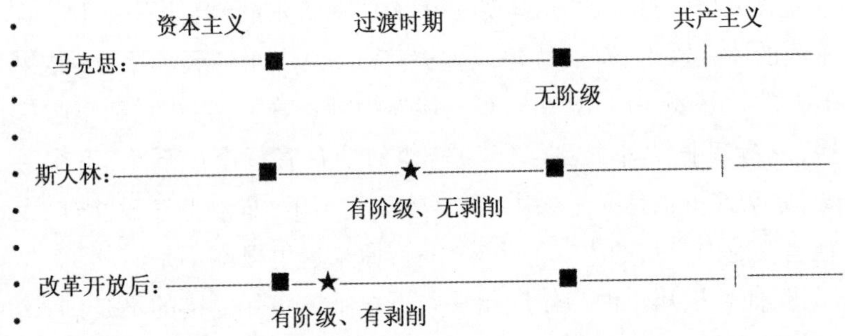
资本主义
过渡时期
共产主义
马克思：
无阶级
斯大林：
有阶级、无剥削
改革开放后：
有阶级、有剥削

图 4

第二章

马克思社会主义观的科学性及其当代价值

在第一章曾经提到三种社会主义观，并且提出我们今天仍然要以马克思的社会主义观为标准来判断我们今天所处的发展阶段。那么，接下来的问题就是：马克思的社会主义观究竟是科学还是空想？马克思的社会主义观今天是否已经过时了呢？本章将在上一章的基础上来继续回答这些问题。

一、当前对马克思社会主义观的种种贬低和责难

近年来，国内理论界围绕什么是社会主义，特别是如何看待马克思的社会主义观的问题一直存在不同的看法。一部分学者认为，马克思的社会主义观至今仍然是科学的，对现实是有解释力的，因此不能要求马克思主义经典作家对后来社会主义实践中的曲折负责。① 但是，也有一部分学者对马克思的社会主义观持责难、贬低甚至否定的态度。这种责难、贬低和否定主要有以下几种表现。

第一种表现：认为民主社会主义才是马克思主义的正统，主

① 参见程恩富：《论〈资本论〉研究的发展态势》，载《世界经济文汇》1987 年第 2 期；智效和：《马克思社会主义观的解释力》，载《当代经济研究》2007 年第 6 期；等等。

张以民主社会主义取代科学社会主义。这样一来，马克思的实行社会所有制、没有商品经济、没有阶级和国家的社会主义自然而然就被否定了。这种主张实际上是在借马克思主义之名，行否定马克思主义之实。把马克思的科学社会主义攻击为暴力社会主义，把马克思说的社会所有制曲解为私有制，崇尚根本不触动资本主义统治根基的民主社会主义。这实际上是一种假社会主义，彻头彻尾的空想社会主义。

第二种表现：把中国特色的社会主义与马克思的社会主义观对立起来，用前者来贬低或者否定后者。如有人提出，马克思的社会主义观强调阶级斗争和无产阶级专政，忽视生产力，忽视共同富裕，没有回答社会主义发展的动力问题，等等。其言下之意，就是马克思的社会主义观是过时的、错误的；并提出邓小平的社会主义观突破了马克思的社会主义观，提出了社会主义市场经济，等等。有的认为，马克思的社会主义观包含着一些不尽符合实际之处，带有一定的空想成分或曰理想主义成分，已经过时了。甚至有一种流传甚广、以讹传讹的说法，认为马克思的社会主义观是空想，因为他没有预料到社会主义仍然存在商品经济。甚至还有人把坚持马克思主义、坚持马克思的社会主义观斥为“左”。

第三种表现：以“发展”马克思的社会主义观为名，变相地贬低或否定马克思的社会主义观。有人认为，社会主义的标准是动态的。对于马克思主义的后继者与马克思主义经典作家在社会主义认识上不一致的地方，就统统用“发展”来搪塞之。缺乏对马克思及其后继者在社会主义看法上的一以贯之的科学合理的逻辑解释。马克思主义、马克思的社会主义观当然需要发展，但是，真正的发展应该是在坚持的基础上发展，如果连坚持都谈不上又怎么能够称得上发展呢？

第四种表现：把马克思的社会主义观称为“传统社会主义”，而把中国特色社会主义称为“现代社会主义”“当代社会主义”或“新社会主义”，贬低马克思的社会主义观。“传统社会主义”是一个含糊不清的概念，实际上带有一种“过时”“落后”甚至“错误”的意思在里面。

第五种表现：把马克思的社会主义理解为“功能社会主义”、“价值社会主义”，并把社会主义解释为“普遍幸福主义”，撇开生产资料所有制关系来抽象地谈论社会主义问题。

第六种表现：还有人认为，应当从现实实践出发，而不应当从抽象原则出发去看待社会主义问题。这种说法貌似有理，但言下之意却是，坚持马克思的社会主义观就是从抽象原则出发，只有从中国社会主义建设实际出发来谈论社会主义，才是从现实出发，否则就会使社会主义又变成空想。

上述种种说法，或者是由于误读马克思造成的，或者是对社会主义观从马克思到当代缺乏一以贯之的科学的逻辑解释造成的。因此讲清楚马克思的社会主义观是不是科学的，马克思的社会主义与我们今天的社会主义究竟是一种什么样的关系，以及马克思的社会主义观在当今时代的意义，就显得非常必要。

二、马克思的社会主义观究竟是空想还是科学

在第一章中，笔者之所以提出应该以马克思的社会主义观为标准来判断我们今天所处的发展阶段，这是因为，马克思的社会主义观是科学的，而绝非如有些人所说的那样是空想的。

（一）马克思的社会主义观之所以是科学的，这是因为它从根本上超越了空想社会主义①，第一次把社会主义的理论奠定在现实的基础之上，使之成为科学

空想社会主义之所以是空想，这是因为：（1）空想社会主义是以理性原则为基础的，只是从道德感情出发，凭着对资本主义制度的愤恨和对广大人民群众生存状况的同情，而从头脑中主观臆造出来的，因而也就不能科学地说明社会主义的历史必然性。（2）他们把社会主义的希望寄托于某个天才人物的出现，找不到变革社会的真正依靠力量。（3）他们幻想通过阶级合作来实现社会主义，反对无产阶级革命和无产阶级专政，找不到变革社会的正确途径。这就决定了他们的社会主义不能不是空想。

马克思、恩格斯所以能够使社会主义从空想变为科学，就在于：（1）他们揭示了物质生活资料生产在人类社会发展中的决定性作用，并以此为基础，对社会主义代替资本主义的历史必然性做出了合乎规律的科学的解释；社会主义学说在马克思和恩格斯这里已经不再是从头脑中臆想出来的，而不过是现实存在的经济和阶级关系的真实反映。（2）他们找到了变革社会的依靠力量——无产阶级。（3）他们找到了实现社会主义的正确途径——无产阶级革命和无产阶级专政。

（二）马克思的社会主义观之所以是科学的，这是因为马克思和恩格斯是从实现全人类彻底解放的高度来看问题的②

马克思所说的社会主义是生产力高度发达基础上的社会主义，是实行社会所有制的社会主义，是已经消灭了商品经济的社会主义，是已经不存在阶级和国家的社会主义。在他们看来，只有具

① 智效和：《辩证马克思的社会主义观》，载《经济科学》2002 年第 4 期。
② 智效和：《辩证马克思的社会主义观》，载《经济科学》2002 年第 4 期。

备了这些条件，全人类的解放才能真正实现；相反，在不具备这些条件的情况下，所谓全人类的解放就只能是一句空话。除了马克思的这个标准外，还有谁能够提出一个另外的标准也能实现全人类的彻底解放呢？难道仍然存在私有制、阶级剥削的情况下也能实现全人类的彻底解放吗？难道在生产力不发达的情况下也能实现全人类的彻底解放吗？

（三）马克思的社会主义观之所以是科学的，这是因为马克思只是论证了社会主义实现的历史必然性，并没有给出社会主义实现的具体历史进程

马克思为社会主义规定的这些条件和门槛的确是非常高的，毋庸置疑，这个目标的实现将是一个相当长的过程。但是，我们不能因为这个过程的长期性就否认其实现的必然性。恰恰相反，这里体现的正是马克思看待社会主义问题所持的科学态度、科学精神和科学方法。他们所说的都是他们已经科学地解决了的问题，从来不空谈他们不能解决的问题。

（四）马克思的社会主义观之所以是科学的，这是因为马克思所说的社会主义的几个基本经济特征之间具有合乎逻辑的必然联系

马克思的社会主义观之所以是科学的，因为他所说的社会主义是以生产力的高度发达为基础的。在他看来，由于生产力的高度发达，其必然的结果就是生产资料由全社会的劳动者共同占有；而由于实行社会所有制，其必然的结果就是，劳动产品直接作为消费品供人们使用，而不需要再通过商品的形式进行买卖和交换，这样一来，商品经济自然就不存在了；阶级实质上就是人们同生产资料的不同占有关系，而由于实行社会所有制，人们同生产资料的关系已经没有任何区别，所以阶级自然不复存在，作为阶级派生物的国家也就必然随之自行消亡。

（五）马克思的社会主义观之所以是科学的，这是因为马克思所说的社会主义是以完成了过渡时期任务为前提的①

马克思在论述未来社会基本特征的同时，相应地，也就为过渡时期规定了任务，这就是：随着生产力的不断发展，最终使阶级走向消亡。因此，在马克思、恩格斯看来，只有完成了过渡时期消灭阶级的任务，才算是已经进入了社会主义；只要尚未完成过渡时期消灭阶级的任务，从科学上讲，是不能够称之为社会主义的。

（六）马克思的社会主义观之所以是科学的，这是由生产的社会化与生产资料的资本主义私人占有之间的基本矛盾决定的②

我们知道，奴隶社会和封建社会也都是私有制的社会，那么奴隶社会和封建社会的私有制为什么不会被公有制所代替，而只有资本主义的私有制才会必然为社会主义的公有制所代替呢？这里的关键在于生产的社会化。奴隶社会和封建社会虽然也是私有制，但是就这种生产资料的私人占有制同当时生产力发展水平的关系来看，总体上是基本相适应的。在资本主义以前的整个人类社会的历史，生产力水平极其低下，生产规模非常狭小，生产力的发展速度十分缓慢。一句话，在资本主义以前，人类社会的生产都是在孤立的地点上和狭窄的范围内进行的。因此，无论是奴隶社会的私有制，还是封建社会的私有制，都是基本上同这种低水平的、小规模的生产即小生产、小农经济相适应的（原始社会例外）。当然，随着科技的进步和生产力的发展，无论是奴隶社会，还是封建社会，生产关系都会由生产力的发展形式逐步变为生产力的桎梏，并且都会被一种新的生产关系所代替；但是，这种代替只能是以一种生产资料私有制形式代替另一种生产资料私有制形式，这

① 智效和：《辩证马克思的社会主义观》，载《经济科学》2002年第4期。
② 智效和：《辩证马克思的社会主义观》，载《经济科学》2002年第4期。

是由当时非常低下的生产力发展水平所决定的。因此,我们就会看到:奴隶社会的奴隶主私有制为封建社会的地主土地私有制所代替,而封建社会的地主土地私有制最终又被资本主义的资本家私有制所代替。

但是,进入资本主义社会以后,情况发生了根本变化。蒸汽机的发明和电力的广泛应用,工业、商业、航海业和铁路的拓展,世界市场的开辟,使社会生产力仿佛用法术一样从地下被呼唤出来。"资产阶级在它的不到一百年的阶级统治中所创造的生产力,比过去一切世代创造的全部生产力还要多,还要大。"①资本主义的生产力之所以能够如此迅速地发展,主要是由其生产的社会化性质所决定的。在资本主义条件下,生产已经变成社会化的了,但是生产资料仍然掌握在资本家私人的手里。这种生产资料的资本家私有制是同社会化的大生产不相适应的。生产力的发展是绝对的,是不以人的意志为转移的,人们可以在一定程度上促进或者阻碍生产力的发展,但不可能停止其发展,而资本的运动是无止境的,资本如果停止运动,不扩大资本积累,不扩大剥削范围,它就不能生存下去,资本也就不再是资本。资本的这种本性决定了它总"要力求摧毁交往即交换的一切地方限制,夺得整个地球作为它的市场"②。它不把世界卷入它的势力范围就不会罢休。因此,全球化不仅是科学技术和生产力的全球化,同时也是资本主义生产关系和资本主义基本矛盾的全球化。而社会化大生产的发展必然要求生产资料也为整个社会所有,即生产资料社会所有制。因此,生产资料的社会所有制代替生产资料的资本家私人占有制是不以人的意志为转移的客观规律。而社会所有制实现之时正是马克思、恩

① 《马克思恩格斯选集》第1卷,北京:人民出版社,1995年版,第277页。
② 《马克思恩格斯全集》第46卷(下),北京:人民出版社,1980年版,第33页。

格斯所说的社会主义到来之日。因此,社会主义代替资本主义是人类社会发展的客观规律。正如马克思、恩格斯所说:“资产阶级的关系已经太狭窄了,再也容纳不了它本身所造成的财富了。”①这就好比:我们知道气球的张力是有限的,假如一直给气球充气不止,那么气球就总有一天会爆炸。生产社会化与生产资料私有制之间的关系,如同空气与气球的关系是一样的道理。再比如,一个小学生在读小学的时候学校发了一套校服,但是现在已经读高中了,已经成长为1.8米的小伙子,如果仍然要求他穿小学时代那套校服,他能不造反吗?

（七）马克思的社会主义观之所以是科学的,也是因为马克思揭示的人类社会发展的必然趋势已经被资本主义发展的几百年历史实践所证实

自从资本主义制度产生以来,其生产关系经历了四次调整:第一次是从单个私人资本到股份资本;第二次是从股份资本到垄断;第三次是从垄断到国家垄断;第四次是从国家垄断到国际垄断。从这一过程不难看出:一部资本主义的发展史,就是一部资本家阶级不断妥协让步的历史,就是资产阶级面对经济危机不得不一再对生产关系特别是生产资料所有制关系进行调整以适应生产力迅速发展要求的历史。一部资本主义的发展史,也是一部生产资料所有制形式由最初的单个私人资本性质不断向社会资本性质发展的历史,生产资料的社会化程度越来越高。资本主义生产资料所有制的每一次调整都是向马克思所说的社会所有制的进一步靠近。人类社会的发展也正在一步一步地逼近社会主义。因此社会主义代替资本主义是不以人的意志为转移的客观规律。

① 《马克思恩格斯选集》第1卷,北京:人民出版社,1995年版,第278页。

（八）马克思的社会主义之所以是科学的，归根到底是由生产力的发展决定的

人的认识、科学技术和社会生产力是不断发展的，这是客观的不以人的意志为转移的。人类社会的发展就是一个随着生产力水平的不断提高逐步由低级走向高级的过程。随着人的认识水平的不断提高，科学技术是不断进步的，生产力是不断发展的。人们在一定程度上只能促进或延缓生产力的发展，而不可能阻止生产力的发展。

（九）马克思的社会主义观之所以是科学的，也是因为马克思、恩格斯对待未来社会的态度是科学的

马克思、恩格斯是在批判旧世界中发现新世界的，他们关于未来社会的展望只限于揭示未来社会的基本特征，而从来不作详尽的细节描述。1881 年 1 月 6 日，荷兰工人领袖斐·多·纽文胡斯写信请教马克思：如果社会党人取得政权，为了保证社会主义的胜利，他们在政治和经济方面首要的立法措施应当是什么？马克思 2 月 22 日在回信中说：这个问题"在我看来提得不正确。在将来某个特定的时刻应该做些什么，应该马上做些什么，这当然完全取决于人们将不得不在其中活动的那个既定的历史环境。但是，现在提出这个问题是不着边际的，因而实际上是一个幻想的问题，对这个问题的唯一的答复应当是对问题本身的批判。如果一个方程式的已知各项中不包含解这个方程式的因素，那我们就无法解这个方程式"①。1886 年，恩格斯在致爱·皮斯的信中指出："我所在的党并没有任何一劳永逸的现成方案。我们对未来非资本主义社会区别于现代社会的特征的看法，是从历史事实和发展过程中得出的确切结论；不结合这些事实

① 《马克思恩格斯选集》第 4 卷，北京：人民出版社，1995 年版，第 643 页。

和过程去加以阐明，就没有任何理论价值和实际价值。”①正如列宁所指出的那样：“马克思丝毫不想制造乌托邦，不想凭空猜测无法知道的事情。马克思提出共产主义的问题，正像一个自然科学家已经知道某一新的生物变种是怎样产生以及朝着哪个方向演变才提出该生物变种的发展问题一样。”②只限于揭示未来社会的基本特征，而不作详尽的细节描述，这是马克思、恩格斯看待未来社会科学态度的又一体现。

（十）马克思的社会主义观之所以长期以来被我们当作空想而非科学，这是由我们对社会发展阶段的认识误区造成的

长期以来，我们一直认为我们已经进入社会主义社会，并且说这就是马克思的共产主义第一阶段。其实，我们远远没有达到马克思共产主义第一阶段的标准，按照马克思的理论框架，我们今天只不过仍然处在过渡时期的一定阶段。实际上我们是混淆了过渡时期与共产主义第一阶段的界限，在不具备条件的情况下提前宣布进入了社会主义。我们今天的社会主义实际上是远未完成马克思所说的过渡时期任务的社会主义，是不合格的社会主义。由于我们提前宣布进入社会主义，其直接的后果就是：一切从我们今天的现实需要出发来谈论社会主义。凡是我们今天现实生活中有的或者仍然需要的，就认为是社会主义应该有的，比如多种经济成分和商品货币关系；凡是我们今天不需要的或者暂时做不到的，就认为是社会主义不应该有的，比如计划经济。这样一来，马克思的社会主义观自然而然地就被贬低或否定了。

① 《马克思恩格斯选集》第4卷，北京：人民出版社，1995年版，第676页。
② 《列宁选集》第3卷，北京：人民出版社，1995年版，第187页。

三、马克思的社会主义观今天是否已经过时

现在有人提出，马克思的社会主义观产生于19世纪，而现在人类社会已经进入21世纪，实践是不断发展的，人的认识也是不断发展的，所以对社会主义的看法也应该是不断发展的。因此，今天的人们不应该拘泥于马克思100多年前对社会主义的预测，而应该与时俱进地发展马克思的社会主义理论。

在这个问题上，笔者的看法是这样的：实践是不断发展的，人的认识也是不断发展的。马克思的社会主义观也是需要不断发展的，这是因为马克思对社会主义的认识也是有局限性的。他的社会主义观只限于对未来社会基本特征的认识，他没有也不可能结束对社会主义的认识，马克思的社会主义理论的确给后人留下了很大的发展空间。但是，这里有一个如何发展的问题。首要的问题是：马克思的社会主义观还要不要坚持？是在坚持马克思社会主义观的基础上去谈发展呢，还是从根本上否定马克思的社会主义观？在我看来，我们应该在坚持的基础上来谈发展。也就是说，要在坚持马克思对社会主义基本特征认识的基础上来进一步丰富和发展马克思社会主义观的具体内容。抛弃马克思对社会主义基本特征的认识来谈发展马克思主义、发展马克思的社会主义，这其实不是在发展，而是在否定马克思主义、否定马克思的社会主义。

我认为，坚持马克思的社会主义观，实事求是地承认我们今天的社会主义并非马克思的共产主义第一阶段，而只是尚未完成马克思所说的过渡时期历史任务的社会主义，在今天仍然具有非常重要的现实意义。具体说来，有如下几个方面。

（一）这将有助于恢复马克思学说的科学地位，有助于重塑科学社会主义在人们心目中的美好形象

1936年，当斯大林在苏联宣布已经基本实现社会主义的时候，会场报之以长时间的热烈鼓掌，人们奔走欢呼，无不为之欢欣鼓舞。然而，当人们冷静下来以后才逐步发现，原来人们心目中美好的社会主义也就不过如此，令人们更加困惑不解的是，在现阶段仍然存在阶级、剥削的情况下，也叫社会主义，这就使得马克思主义、社会主义在人们心目中的地位从天上跌到地下。社会主义简直成了一根橡皮筋，可以随意地拉长，也可以随意地缩短。加上长期以来，在我们的思想政治工作中对马克思主义、社会主义的简单化、庸俗化的理解和宣传，结果导致今天人们普遍对马克思主义、社会主义不感兴趣。其实，在我看来，人们普遍不感兴趣的是被严重歪曲了的、“哈哈镜”中的马克思主义、社会主义，而并非科学意义上的马克思主义、社会主义。科学意义上的马克思主义仍然是倍受人们推崇的，世纪之交西方世界“千年伟人”的四次评选就在一定程度上生动地说明了这个问题。

从这个意义上讲，现实实践的发展迫切要求我们“回到马克思”，讲清楚马克思的社会主义观为什么是科学的，以及我们今天的社会主义与马克思的社会主义究竟是一种怎样的关系，这将有助于消除人们对马克思主义、社会主义的种种误解，有助于恢复人们对马克思主义的信仰和社会主义的信念。

（二）这将有助于纠正长期以来在我们工作中存在的理论与实践严重错位的问题

现在，我们在理论上认为已经进入社会主义（尽管仍然处在初级阶段，但毕竟已经是社会主义），说的是社会主义的话，但手头上干的仍然是过渡时期该干的事。这样就形成理论与实践之间的矛盾与错位。比如，按照马克思的理论，既然已经进入社会主义，那

就不应该有多种经济成分，不应该有商品经济，但现阶段却非要发展多种经济成分和市场经济不可。比如，现实生活中不仅有阶级，而且还有剥削，但理论上却非要以马克思说的社会主义无阶级为依据来淡化甚至取消本来仍然客观存在的阶级斗争事实。若是对了，功劳全在自己；若是错了，责任全归马克思。

再比如，一个时期以来，在不少人中间流传着这样一种说法，“马克思的社会主义是空想，因为他没有预料到社会主义仍然存在商品经济”。其实，这完全是一种误解。马克思所说的没有商品经济的社会主义（即共产主义第一阶段），是以生产力高度发达为基础的，实行社会所有制的社会主义，这样的社会主义必然没有商品经济、没有阶级和国家；而我们今天的社会主义根本没有达到马克思所说的共产主义第一阶段，因此在我们今天的社会主义仍然存在商品经济，并不违背马克思的逻辑。

（三）这将有助于我们增强思想政治工作的科学性和说服力

现在，广大群众和青年之所以对我们的政治理论教育不感兴趣，就是因为在他们看来，我们的理论不能够科学地解释现实，而现实的实践往往也不以理论为指导，这就是人们常说的理论与实践“两张皮”的现象。这种“两张皮”的现象使得我们的思想政治理论缺乏科学力、逻辑力、说服力和战斗力，因而在实践中就显得苍白无力。

比如，关于为什么社会主义优越于资本主义以及现实社会主义为什么在许多方面还不如发达资本主义等问题，长期以来，理论界为了阐释这个问题作出了很大的努力，但很难说已经有一种令人满意的、有说服力的回答，其根本原因就在于我们把本来仍然处在过渡时期的不合格的社会主义混同于马克思的共产主义第一阶段。其实，在笔者看来，马克思的共产主义第一阶段（列宁所说的社会主义）在各个方面都必然优越于资本主义，但是，由于现阶段我们仍然处在向共产主义第一阶段迂回过渡的时期(关于这个问题,我们将在第三章中来谈,此不赘述),所以在许多方面还落后于发达的资本主义,也就不足为奇。

(四)这将有助于我们制定更加科学的理论、路线、方针和政策,更好地建设中国特色社会主义

比如,在现阶段发展发展多种经济成分和商品经济,利用资本主义,并不违背马克思的逻辑,因为我们现实的社会主义只不过仍然处在过渡时期的一定阶段,但是,我们却在理论上认为已经进入社会主义,并且说,这就是马克思的共产主义第一阶段。这样一来,又是社会主义,又要实行商品经济,如果从马克思的理论框架来看,社会主义和商品经济就形成了一对矛盾,因为在马克思的社会主义那里是根本不存在商品经济的。怎么办呢?于是为了自圆其说,我们只好说,马克思的社会主义是空想,因为他没有预料到社会主义仍然存在商品经济;于是我们就提出,商品经济是中性的,甚至是社会主义的。这样一来,再要对商品经济进行监督、限制和斗争就没有了理论依据。因为商品经济本身就是中性的,甚至是社会主义的,发展商品经济就等于发展社会主义,哪里还有必要对商品经济进行限制、监督和斗争呢?结果就造成对商品经济只利用而不斗争或者斗争不力,这是长期以来贪污腐败、假冒伪劣等各种社会顽症久治不愈的重要原因。因此,承认我们今天的社会主义仍然处在过渡时期,对于纠正理论与实践的错位,制定更加科学的理论、路线、方针和政策,确保中国特色社会主义事业的健康顺利发展具有非常重要的意义。

在笔者看来,马克思的社会主义观是从什么是社会主义的定性的角度讲的;邓小平讲的“社会主义本质”、“社会主义也可以搞市场经济”以及我们对社会主义“还没有完全搞清楚”,等等,是从现实的落后国家应该如何建设社会主义、如何实现向社会主义过

渡的角度讲的。二者都在讲社会主义，但是讲社会主义的角度是不一样的。从什么是社会主义的角度讲，社会所有制、计划经济、无阶级无国家，似乎没有什么难以理解的；从如何建设社会主义、如何顺利实现向社会主义过渡的角度讲，现阶段经济文化比较落后的国家就不能不利用多种经济成分和商品经济，不能不利用资本主义。从这样的角度理解，马克思的社会主义不存在商品经济，与我国社会主义发展的现阶段仍然离不开商品经济，并不矛盾。其实，马克思如果今天仍然在世，也不会反对我们今天的社会主义仍然存在商品经济。

几十年来，我们常常说，我们是社会主义国家。懂点历史知识的人会说，我们是从1956年社会主义改造基本完成之后才进入社会主义的。而也有不少缺乏历史常识的人甚至说，从1949年中华人民共和国成立起，我们就是社会主义了。“社会主义国家”“社会主义初级阶段”“社会主义市场经济”，等等，这些词在我们的现实生活中已经司空见惯了，人们很少去认真分析这些说法中的“社会主义”究竟是什么意思。这里的“社会主义”是“共产主义第一阶段”那样的“社会主义制度”的意思吗？我以为，如果这样理解，那就大错特错了。在笔者看来，这里的“社会主义”，理解为“社会主义道路”，或者“向社会主义过渡”可能更准确，而不应该理解为“共产主义第一阶段”（即列宁所说的社会主义）那样的“社会主义制度”的意思。但是，由于我们长期以来不注意区分“社会主义制度”和“社会主义道路”，结果造成了许多理论混乱和实践的麻烦。除了前面已经说到的理论与实践的矛盾和错位，还造成了人们思想上的混乱，特别是造成党的思想理论教育缺乏科学性和说服力，使得人们对社会主义、马列主义越来越失去应有的兴趣。人们常常把我们现实生活中的阴暗面和社会主义制度挂起钩来，认为这些都是社会主义制度造成的。社会主义制度竟成了“贫穷”“落后”的代名词。更有甚者,竟然认为社会主义不如资本主义。作为人类社会发展必然趋势的美好的社会主义制度受到严重的贬损。其实,从“社会主义道路”或者“向社会主义过渡”的意思来理解,我们现实的社会主义国家,由于仍然处在向社会主义迂回过渡的时期,在经济文化等许多方面,远远落后于发达的资本主义也就不足为奇。而更为重要的是,由于仍然处在过渡时期,所以,在这个长期的过程中,出现某些暂时的复辟和倒退,也是难以完全避免的规律性现象。

我们常常说,我们发展了马克思的社会主义理论,在笔者看来,其实,我们并没有发展马克思的社会主义理论,我们发展的只是马克思的过渡时期理论。从十月革命以来,自列宁开始一直到今天的马克思主义者们,面临的历史性课题是如何实现向社会主义的过渡,历史还没有给我们提出发展马克思的社会主义理论的任务。

第三章

社会主义初级阶段的历史定位

在第一章中，我们在总结国内外研究现状的基础上提出：20世纪以来，现实各国的社会主义都并非马克思的共产主义第一阶段，实际上是尚未完成马克思所说的过渡时期历史任务的社会主义，是“不够格”的社会主义，这样的社会主义实际上仍然处在马克思讲的过渡时期。在本章中，读者就会发现，实际上这样来定位现实社会主义仍然是不够准确的。因为马克思说的过渡时期是以发达资本主义为起点的，而现实社会主义在许多方面还远远落后于发达资本主义。因此，对现实社会主义只从理论上做定性的分析，只说明它还不是马克思的共产主义第一阶段，而只是共产主义第一阶段之前的一个阶段还是很不够的，还必须对它从历史的角度做定量的分析，还必须具体说明它究竟处于一个什么样的阶段。也就是说，只有定性研究是不够的，还必须定量研究；只有理论定位是不够的，还必须有历史定位。一句话：只研究过渡时期的终点（即共产主义第一阶段的起点）是不够的，还必须研究过渡时期的起点。（见本章后图4）因此，在第一章就过渡时期的终点研究的基础上，本章将就过渡时期的起点展开进一步的分析。

一、落后国家的迂回过渡道路

(一)马克思的直接过渡理论

马克思、恩格斯曾经设想,无产阶级革命将首先在类似英国这样的发达资本主义国家爆发,夺取政权的无产阶级将直接采取措施,逐步过渡到共产主义(第一阶段)。(见本章后图5)在《共产主义信条草案》中,恩格斯在回答关于如何实现共产主义的问题时非常明确地指出:“废除私有财产,代之以财产公有。”①接着,在谈到无产阶级夺取政权之后应当如何保障无产阶级的生活时,恩格斯说:“一、限制私有财产,以便做到为私有财产逐渐转变为社会财产作好准备,例如实行累进税、对继承权实行有利于国家的限制,等等……”②在《共产主义原理》中,恩格斯指出:“如果不立即利用民主作为手段实行进一步的、直接侵犯私有制和保障无产阶级生存的各种措施,那么,这种民主对于无产阶级就毫无用处。”③在列举了过渡时期的12项措施之后,恩格斯接着说:“所有这一切措施不能一下子都实行起来,但是它们将一个跟着一个实行,只要向私有制一发起猛烈的进攻,无产阶级就要被迫继续向前迈进,把全部资本、全部农业、全部工业、全部运输业和全部交换都越来越多地集中在国家手里。”④在《共产党宣言》中,马克思、恩格斯指出:“共产党人可以把自己的理论概括为一句话:消灭私有制。”⑤“无产阶级将利用自己的政治统治,一步一步地夺取资产阶级的全

① 《马克思恩格斯全集》第42卷,北京:人民出版社,1979年版,第373页。
② 《马克思恩格斯全集》第42卷,北京:人民出版社,1979年版,第379页。
③ 《马克思恩格斯选集》第1卷,北京:人民出版社,1995年版,第239-240页。
④ 《马克思恩格斯选集》第1卷,北京:人民出版社,1995年版,第240-241页。
⑤ 《马克思恩格斯选集》第1卷,北京:人民出版社,1995年版,第286页。

部资本，把一切生产工具集中在国家即组织成为统治阶级的无产阶级手里……要做到这一点，当然首先必须对所有权和资产阶级生产关系实行强制性干涉……最先进的国家几乎都可以采取下面的措施：1. 剥夺地产……2. 征收高额累进税。3. 废除继承权……”①在 1850 年 3 月写的《1848 年至 1850 年的法兰西阶级斗争》中，马克思第一次科学地表述了无产阶级夺取政权后在社会的经济改造方面的任务，这就是：“占有生产资料，使生产资料受联合起来的工人阶级支配，也就是消灭雇佣劳动、资本及其相互间的关系。”②这一提法具有非常重要的意义，恩格斯 1895 年在为此书写的“导言”中作了这样的评价：这里“第一次表述了一个使现代工人社会主义既与形形色色封建的、资产阶级的、小资产阶级等等的社会主义截然不同，又与空想的以及自发的工人共产主义所提出的模糊的财产公有截然不同的原理”③。在《反杜林论》中，恩格斯指出：“国家真正作为整个社会的代表所采取的第一个行动，即以社会的名义占有生产资料，同时也是它作为国家所采取的最后一个独立行动。”④

马克思、恩格斯在《共产党宣言》中，虽然指出向社会主义过渡的措施“在不同的国家里当然会是不同的”⑤，但这种“不同”是不可能超出“直接过渡”范围的，只不过是对私有制所采取的“限制”、“消灭”的方式、速度等的“不同”。也就是说，这种所谓“不同”，只不过是“直接过渡”这一普遍原则在不同国家的具体化，而不可能是对“直接过渡”这一普遍原则的根本改变。

---

① 《马克思恩格斯选集》第 1 卷，北京：人民出版社，1995 年版，第 293 页。
② 《马克思恩格斯选集》第 1 卷，北京：人民出版社，1995 年版，第 409 页。
③ 《马克思恩格斯选集》第 4 卷，北京：人民出版社，1995 年版，第 509 页。
④ 《马克思恩格斯选集》第 3 卷，北京：人民出版社，1995 年版，第 631 页。
⑤ 《马克思恩格斯选集》第 1 卷，北京：人民出版社，1995 年版，第 293 页。

这里需要指出，马克思、恩格斯在19世纪70年代以后虽然研究了东方社会的发展道路问题，提出了落后国家向社会主义过渡的可能性问题，但关于落后国家究竟应该怎样过渡，他们并没有展开论述。他们虽然指出了这种过渡是有条件的，即一方面是西方无产阶级革命的榜样作用，另一方面是利用资本主义的肯定成果；但这里“肯定成果”也只能是社会化大生产、先进的科学技术等物质文化成果，而不可能是资本主义的生产关系的某些环节，因为在马克思、恩格斯看来，未来社会是没有商品货币关系的，也只有这样理解才能达到和马克思的社会主义观在逻辑上的一致性。

（二）列宁的迂回过渡理论

列宁和布尔什维克党领导十月革命成功时，俄国仍然是一个经济文化十分落后的国家。上面讲到，马克思说的无产阶级夺取政权是在发达的资本主义国家，那么，经济文化落后国家的无产阶级应不应该率先夺取政权呢？特别是苏东剧变、苏联解体之后，这个本来早已解决了的老问题又被提了出来。这里不能不适当费些笔墨来加以说明。

其实，早在十月革命前后，就有人以此为由否定十月革命。当时普列汉诺夫等人就以俄国生产力还没有得到高度发展为由，指责列宁的“四月提纲”是“布朗基主义”“说梦话”，只会以酿成社会灾害而告终。1918年8月，第二国际的思想领袖考茨基发表了《无产阶级专政》一书，适应资产阶级的需要，站在右倾机会主义立场上，大肆攻击十月革命的道路，说什么布尔什维克用暴力夺取政权，就像是一个怀孕的妇女疯狂万分地猛跳而引起早产，并诅咒说“这样生下的孩子，通常是活不成的”。苏汉诺夫从1918年7月到1921年8月写了《革命札记》，他追随考茨基对俄国革命的攻击，不仅歪曲俄国革命的历史，而且大肆散布俄国不具备条件进行社会主义革命和建设社会主义的错误论调，说什么“俄国生产力还没有发展到足以实现社会主义的水平”。

判断十月革命究竟是历史的必然还是历史的误会，不能仅仅看生产力这一个因素，而是要看当时的综合因素，特别是要看当时是否具备革命的主客观形势。从客观条件看，当时的俄国，由于沙皇政府长期以来对内残酷镇压，对外扩张侵略，民不聊生，内外交困，俄国已经成为当时帝国主义统治链条上的薄弱环节。二月革命后，资产阶级临时政府对内维护地主阶级利益，对外继续进行帝国主义战争，使国内阶级矛盾更加尖锐。当时的俄国已经成为盛夏季节的一堆干柴，只要有一个火星溅上去，马上就会燃起熊熊大火。加上当时正值第一次世界大战，帝国主义忙于战争，无暇顾及俄国的革命力量。这就为十月革命的成功在客观上提供了条件。从主观上看，俄国当时尽管资本主义还没有得到充分发展，但是毕竟已经有了一定的发展，工人阶级的力量不断壮大，革命情绪不断高涨，特别是已经拥有一个以马列主义的科学理论为指导的先进政党的领导，这就为工人阶级夺取政权提供了主观条件。实践证明，十月革命决不像有些人所说的那样，是“人为制造”出来的，而是历史发展的必然。

俄国当时的生产力的确不够发达，列宁承认这是客观事实，但是，当时俄国的各种矛盾已经严重阻碍了生产力的发展。难道要等到生产力发展起来以后才来夺取政权吗？西方资本主义国家至今没有工人阶级夺取政权获得成功的事实说明，所谓等生产力发展起来以后才来夺取政权的说法，实际上是把革命推向遥远的未来，实际上是不要革命论。列宁认为，历史的发展丝毫不排斥在个别发展阶段和发展顺序上表现出特殊性，反而是以此为前提的。在这种情况下，可以把历史的顺序颠倒一下，即不像西方国家那样先发展生产力，然后再来夺取政权，而是先夺取政权，然后在无产阶级政权的领导下大力发展生产力，去赶上别国的人民。实践证明列宁是对的。在列宁去世后，苏联在斯大林领导下经过两三个五年计划的时间，就把俄国由一个落后的农业国建设成为当时欧洲第一大工业强国，世界第二工业强国，苏联成为当时世界上举足轻重的国家。需要说明的是，俄国是世界历史上至今唯一一个没有借助外国援助实现工业化的国家；还需要说明的是，俄国的工业化是在面临帝国主义的严重包围和经济封锁的条件下完成的，而且也是在完全没有任何经验可资借鉴的条件下实现的。这就足以说明，十月革命不是阻碍了生产力的发展，而是极大地促进了生产力的发展。这就再次证明，十月革命是历史的必然，而决非历史的误会。

这里还需要说明，历史上从奴隶制度向封建制度的过渡，都不是从奴隶主统治时间最长、奴隶制度统治最完备的国家开始，而恰恰相反，却是从那些奴隶制度统治时间不长、奴隶主统治尚不完备的国家开始的。从封建制度向资本主义制度的过渡，也不是从封建制度统治时间长、封建制度统治完备的国家开始的，而是从封建制度时间不长、统治并不完备的国家开始的。同样的道理，从资本主义向社会主义的过渡，也很难从资本主义统治时间长而且统治比较完备的国家开始，而往往更容易在落后国家首先获得突破，这完全符合历史发展的辩证法。综上所述，说十月革命是历史的误会的观点是根本站不住脚的。苏联剧变、解体，也完全是由自赫鲁晓夫以来一直到戈尔巴乔夫的修正主义路线造成的，是背离马列主义的必然结果。

现在还回到我们的主题上。十月革命之后，起初列宁也打算实行直接过渡，只是在直接过渡的措施碰壁后才转而实行新经济政策。新经济政策标志着列宁开始放弃直接过渡的理论，转而走上一条向社会主义过渡的新道路。

新经济政策包括两次退却：一次是1921年春由“战时共产主义”退到国家资本主义；一次是1921年秋由国家资本主义退到国家调节商业和货币流通。新经济政策的主要内容是：用粮食税代替余粮征集制，工业企业停止推行国有化，大力发展商业，建立工业和农业的结合点，加强对资本主义国家的经济交往与合作。

那么，是什么原因促使列宁实行了这一重大的政策转变呢？就客观方面来看，如上所述，战后苏维埃政权继续“战时共产主义”政策遭到了空前严重的经济和政治危机。列宁通过阶级分析认识到，如不改变政策将失去广大工农群众，丢掉阶级基础。但是，只认识到这一点，还不足以从根本上改变过去的经济政策。这里起关键作用的是，列宁和布尔什维克党的其他领导人指导思想上的根本转变。列宁在对“战时共产主义”政策进行深刻反思的基础上，认识到小农经济占优势的俄国不能直接过渡到社会主义，而只能采取迂回过渡的办法。正如列宁所指出的那样：“从资本主义向社会主义过渡可以有各种不同的形式，这要取决于国内是大资本主义关系占优势，还是小经济占优势……如果一个国家大工业占优势，或者即使不占优势，但是十分发达，而且农业中的大生产也很发达，那么直接向共产主义过渡是可能的。没有这种条件，向共产主义过渡在经济上是不可能的。”①“在一个小农生产者占人口大多数的国家里，实行社会主义革命必须通过一系列特殊的过渡办法，这些办法在工农业雇佣工人占大多数的发达的资本主义国家里，是完全不需要采用的……俄国的情况不同，这里产业工人仅占少数，而小农则占大多数。”②“我们用‘强攻’办法即用最

---

① 《列宁全集》第41卷，北京：人民出版社，1986年版，第70页。

② 《列宁全集》第41卷，北京：人民出版社，1986年版，第50－51页。

简单、迅速、直接的办法来实行社会主义的生产和分配原则的尝试已告失败……必须退到国家资本主义的阵地上去，从‘强攻’转为‘围攻’。”①

新经济政策实施的效果非常明显，苏俄经济得到迅速的恢复和发展，政治稳定，民族团结，文化繁荣。新经济政策的意义就在于：以列宁为首的布尔什维克党，经过艰辛努力和曲折探索，终于成功地走出了一条落后国家向社会主义过渡的迂回道路，形成了一整套关于落后国家向社会主义过渡的理论，这是对马克思过渡时期理论的重要丰富和发展。新经济政策的实质，就在于承认落后国家不具备直接向社会主义过渡的条件，而必须另寻一条新的道路。列宁的新经济政策告诉我们：经济文化落后国家的无产阶级在革命的主客观条件具备的情况下可以率先夺取政权，这样做完全符合历史发展的辩证法。但是，由于过渡的起点发生了改变，因此，就不能简单照搬马克思的直接过渡理论来指导落后国家的过渡实践，否则就要犯教条主义的错误。（见本章后图6、图7）

二、落后国家向共产主义第一阶段过渡的长期性和阶段性

在马克思、恩格斯看来，即使是以发达资本主义为起点的直接过渡也将是一个长期的和多阶段的历史过程。

在《1844年经济学哲学手稿》中，马克思就提出了过渡时期长期性的问题。② 同样的思想也表现在《共产主义原理》中，恩格斯在回答“能不能一下子就把私有制废除”时说：“不，不能，正像不能一下子就把现有的生产力扩大到为实行财产公有所必要的程度

① 《列宁全集》第42卷，北京：人民出版社，1987年版，第225－226页。

② 《马克思恩格斯全集》第42卷，北京：人民出版社，1979年版，第140页。

一样。因此,很可能就要来临的无产阶级革命,只能逐步改造现社会,只有创造了所必需的大量生产资料之后,才能废除私有制。"①实际上,这里的长期性认识不过是他们运用唯物史观基本原理来思考过渡时期问题的必然结论。在经历了 1848 年和 1871 年两次革命之后,马克思、恩格斯对过渡时期长期性的认识得到进一步的深化和具体化,不仅进一步认识到过渡时期长期性的问题,而且还提出了过渡时期阶段性的问题。在《法兰西内战》中,马克思指出:"为了谋求自己的解放,并同时创造出现代社会在本身经济因素作用下不可遏止地向其趋归的那种更高形式,他们必须经过长期的斗争,必须经过一系列将把环境和人都加以改造的历史过程。""工人阶级知道,他们必须经历阶级斗争的几个不同阶段。他们知道,以自由的联合的劳动条件去代替劳动受奴役的经济条件,只能随着时间的推进而逐步完成。""目前'资本和地产的自然规律的自发作用'只有经过新条件的漫长发展过程才能被'自由的、联合的劳动的社会经济规律的自发作用'所代替,正如过去'奴隶制经济规律的自发作用'和'农奴制经济规律的自发作用'之被代替一样。"②在《哥达纲领批判》中,马克思则进一步形象地把过渡时期称作"长久的阵痛"③。

这里需要说明的是,尽管认识到了过渡时期的长期性,但由于缺乏实践经验,由于受直接过渡思想的影响,他们所说的长期性不能不具有很大的局限性;但这种局限性丝毫无损于马克思过渡时期理论的科学性。

早在十月革命前后,列宁就对过渡时期的必要性、长期性和阶

① 《马克思恩格斯选集》第 1 卷,北京:人民出版社,1995 年版,第 239 页。
② 《马克思恩格斯选集》第 3 卷,北京:人民出版社,1995 年版,第 60、98、99 页。
③ 《马克思恩格斯选集》第 3 卷,北京:人民出版社,1995 年版,第 305 页。

段性有了比较系统的了解和深入的研究。他还通过进一步比较和研究资产阶级革命和社会主义革命的区别来说明过渡时期的必要性和长期性。他指出："资产阶级革命和社会主义革命的基本区别之一就在于：对于从封建制度中生长起来的资产阶级革命来说，还在旧制度内部，新的经济组织就逐渐形成起来，逐渐改变着封建社会的一切方面。资产阶级革命面前只有一个任务，就是扫除、屏弃、破坏旧社会的一切桎梏。任何资产阶级革命完成了这个任务，也就是完成它所应做的一切，即加强资本主义的发展。社会主义革命的情况却完全不同。由于历史进程的曲折而不得不开始社会主义革命的那个国家愈落后，它由旧的资本主义关系过渡到社会主义关系就愈困难。这里除破坏任务以外，还加上了一些空前困难的新任务，即组织任务。"①他不仅认识到了过渡时期的长期性，而且还认识到了过渡时期的阶段性。他指出："在完全摆脱资本主义并开始向社会主义过渡的道路上，我们刚刚迈出了最初的几步。我们不知道，而且也不可能知道，过渡到社会主义还要经过多少阶段。"②需要指出的是，列宁这一时期对过渡时期长期性和阶段性的认识仍然受到直接过渡思想的束缚，而一旦突破了直接过渡的旧思路，他对过渡时期长期性和阶段性的认识就有了新的进展。

在列宁看来，落后国家向社会主义过渡之所以是长期的、多阶段的、复杂的，主要是由过渡时期历史任务的多重性决定的。在向社会主义过渡的时期，落后国家不仅要经过一个对环境和人进行彻底改造的过程，即列宁说的"破坏任务"；而且还要经过一个全面建设新社会的过程，即列宁说的"组织任务"。对旧的经济关系

① 《列宁全集》第34卷，北京：人民出版社，1985年版，第3－4页。
② 《列宁全集》第34卷，北京：人民出版社，1985年版，第44页。

不仅要经过一个限制、改造和消灭的过程，而且还要首先经过一个利用的过程。也就是说，落后国家向社会主义过渡，不仅要经历一般发达国家过渡所必须经历的彻底改造旧社会和建设新社会的双重任务，而且还要额外地加上一个由于经济文化落后而不得不经历的对旧的经济关系的利用过程。这样一来，落后国家向社会主义的过渡至少要经历如下几个阶段，即利用（和限制）旧的经济关系的阶段——对环境和人进行彻底改造的阶段——建设新社会的阶段。这些任务也许是可以交叉进行的而不是彼此孤立的，但这些任务对于落后国家来说一般是不可逾越的。这就是说，直接过渡的阶段本来就是一个长期的历史过程，而落后国家连进行直接过渡的条件都不具备，还必须首先经历一个利用资本主义的长期的历史过程，才能开始和发达国家一样的向共产主义第一阶段的过渡进程。

根据20世纪社会主义运动的经验教训，如果说发达国家向共产主义第一阶段过渡由两个阶段组成，即消灭剥削阶级阶段和消灭阶级阶段，用公式表示就是：发达国家的直接过渡 = 消灭剥削阶级阶段 + 消灭阶级阶段；那么，落后国家向共产主义第一阶段的迂回过渡就不仅包括消灭剥削阶级阶段和消灭阶级阶段，而且必须在这两个阶段之前首先经历一个利用资本主义的阶段，用公式表示就是：落后国家的迂回过渡 = 利用资本主义阶段 + 消灭剥削阶级阶段 + 消灭阶级阶段。（见本章后图8、图9）

又由于利用资本主义阶段实际上就是斯大林所说的多种经济成分并存的过渡时期和社会主义成分掌握着国民经济一切经济杠杆的过渡时期，斯大林的消灭剥削阶级阶段实际上就是两种公有制并存的阶段，他的下一阶段目标就是建立单一的全民所有制或国家所有制，因此，落后国家过渡的公式就可以进一步具体表述为：

落后国家的迂回过渡 = 利用资本主义阶段 + 消灭剥削阶级阶段 + 消灭阶级阶段

= 多种经济成分并存阶段 + 公有制为主体、多种经济成分并存阶段 + 两种公有制（全民所有制和集体所有制）并存阶段 + 单一的全民或国家所有制阶段（见本章后图 10）

也就是说，一般来说，落后国家只有在随着生产力水平的不断提高逐步经历这四个阶段后才能进入马克思所说的共产主义社会第一阶段，才能开始实行社会所有制。

通过以上分析，我们可以得出以下几点认识：

第一，把现实社会主义定位在马克思所说的过渡时期仍然是不够确切的，因为现实社会主义在许多方面仍然远远落后于发达资本主义。因此必须对此做出修正才符合客观现实。由此可见，现实社会主义不仅不是马克思的共产主义第一阶段的初级阶段，而且也不是马克思的直接过渡的初级阶段，而只是列宁所说的迂回过渡的初级阶段。也就是上面公式中的“利用资本主义阶段”或“公有制为主体、多种经济成分并存阶段”（说明：此前的“多种经济成分并存阶段”，如果就我国而言，则是具体指从新中国成立到 1953 年社会主义改造之前的几年）。

第二，列宁的新经济政策发展的不是马克思的社会主义理论，而是他的过渡时期理论；列宁关于落后国家不能直接过渡到社会主义，而必须采取一系列特殊办法实行迂回过渡的思想，是对马克思过渡时期理论的重大贡献和发展。①

第三，应该用来指导现实各国社会主义实践的不仅不是马克思的共产主义第一阶段的理论（即社会所有制、无商品经济、无阶

① 智效和：《列宁是否改变了马克思的社会主义观》，载《政治学研究》2002 年第 2 期。

级、无国家的理论),而且也不是他的直接过渡理论(也就是逐步消灭私有制、消灭剥削阶级乃至消灭阶级的理论),而应该是列宁的迂回过渡理论。只有这样,才能真正做到理论与实践的一致,从而克服理论与实践之间的严重错位,才能增强我们党思想理论工作的科学性和说服力,才能更好地坚持、巩固和发展社会主义;才能更高地举起马克思列宁主义的旗帜。因此,列宁的新经济政策思想至今仍然对落后国家的社会主义实践具有重要的现实指导意义。关于列宁的新经济政策,我们将在第六章集中论述。

三、社会主义初级阶段的科学内涵

(一) 关于社会主义初级阶段的另一种解释

党的十三大把现实中国社会所处的发展阶段定位为"社会主义初级阶段",同时指出:"这个论断,包括两层含义。第一,我国社会已经是社会主义社会。我们必须坚持而不能离开社会主义。第二,我国的社会主义社会还处在初级阶段。我们必须从这个实际出发,而不能超越这个阶段。"党的十五大又进一步指出:"社会主义是共产主义的初级阶段,而中国又处在社会主义的初级阶段,就是不发达的阶段。"那么,对社会主义初级阶段应该如何理解呢?

我以为,在马克思的理论框架中,"社会主义初级阶段"应该理解为"向社会主义迂回过渡的初级阶段"才是符合客观实际的。这里的"社会主义"决不应该理解为共产主义第一阶段那样的"社会主义制度"的意思。正如列宁在《论粮食税》中所指出的那样:"看来,也没有一个共产主义者否认过'社会主义苏维埃共和国'这个名称是表明苏维埃政权有决心实现向社会主义的过渡,而绝不是表明现在的经济制度就是社会主义制度。”①因为现实各国的社会主义，包括中国的社会主义，都远远没有完成马克思所说的过渡时期历史任务，只不过仍然处在过渡时期的一个初级阶段。我们并不反对把这样的阶段叫作社会主义，但必须说清楚这是远远没有完成马克思说的过渡时期历史任务的社会主义，而根本不是马克思所说的共产主义社会第一阶段（即列宁所说的社会主义）。因为马克思所说的共产主义第一阶段（即列宁说的社会主义）是已经没有了阶级、国家和商品经济的社会主义，是已经实现了生产资料的社会所有制的社会主义。

现实中国的社会主义不仅不是马克思所说的共产主义社会第一阶段即列宁所说的社会主义，而且也不同于斯大林、毛泽东的社会主义。因为斯大林和毛泽东的社会主义尽管还没有完成消灭阶级的历史任务，但已经是消灭了剥削阶级的。也就是说，斯大林、毛泽东的社会主义是已经消灭了剥削阶级、尚未消灭阶级的社会主义。这样的社会主义本来就不同于马克思的共产主义社会第一阶段或列宁的社会主义。而现实中国的社会主义不仅不同于马克思的共产主义社会第一阶段即列宁的社会主义，而且也不同于斯大林、毛泽东的社会主义。因为现实中国的社会主义不仅没有完成消灭阶级的历史任务，而且还存在着剥削现象，阶级斗争还将在一定范围内长期存在。因此，现实中国的社会主义离马克思所说的共产主义社会第一阶段或列宁所说的社会主义还有相当遥远的距离。

“社会主义初级阶段”的表述与斯大林、毛泽东时期急于向共产主义社会高级阶段过渡相比，的确有了很大的进步。这种表述比原来斯大林、毛泽东时期的“急躁”“冒进”显得更加冷静和理

---

① 《列宁选集》第4卷，北京：人民出版社，1995年版，第490页。

智,有其符合实际的一面,有助于人们从实际出发脚踏实地地干社会主义。但是,这种表述仍然有其明显的历史局限性。这就是,虽然在实践上已经退回到了过渡时期,干的是过渡时期初级阶段的事;但是理论上却仍然停留在社会主义,仍然认为现在已经是社会主义社会,并且说这就是马克思的共产主义社会第一阶段。这样就形成了理论与实践之间的严重错位:说的是社会主义的话,干的却是过渡时期的事,理论与实践之间处处对不上号。比如,按照马克思的理论,既然已经进入社会主义,那就不应该有私有制、商品经济,但现阶段却非要发展多种经济成分和市场经济不可。再比如,现实生活中不仅有阶级,而且还有剥削;但理论上却非要以马克思说的社会主义无阶级为依据来淡化甚至取消本来仍然客观存在的阶级斗争事实。

总之,现实中国的社会主义还不是马克思所说的共产主义社会第一阶段(即列宁所说的社会主义)的初级阶段,也不是马克思所说的直接过渡的初级阶段,而是向共产主义社会第一阶段迂回过渡的初级阶段。只有这样来看待社会主义初级阶段,才符合马克思主义的逻辑,才符合当今中国的现实实际,才有助于脚踏实地地走向社会主义。

(二)关于社会主义初级阶段的国内外研究现状

1. 国内关于社会主义初级阶段的研究现状

在我国,理论界关于社会主义初级阶段的不同理解主要有以下三种说法。

第一种是新民主主义"复归说"。这种观点以杨家志为代表,他从1994年开始陆续发表论文,提出社会主义初级阶段是新民主主义社会的复归。这种观点认为,社会主义初级阶段本质上只是一个坚持社会主义的方向但还没有能力消灭资本主义的历史阶段,在社会基本属性上明显地表现为毛泽东在20世纪40年代倡导的新民主主义经济形态的复归。① 还有论者进一步指出：由于无法从经济结构上将新民主主义与我们今天所处的社会主义初级阶段区别开来，应把新民主主义社会理解为社会主义的某种阶段或某种形式；主要理由是新民主主义社会是一个以公有制为主体的社会。②

第二种是"特殊历史形态"说。③ 这种观点的代表是赵尚东、陈文通等。论者认为，有中国特色的社会主义不同于马、恩设想的社会主义，是一种特殊历史形态的社会主义。这种特殊历史形态的社会主义不是产生于资本主义生产方式历史任务完成之后，而是产生于资本主义生产力及其生产方式充分发展之前，不是资本主义的直接对立物，与马克思所说的科学社会主义具有质的差别。论者还进一步指出，社会主义初级阶段就是"后发展国家社会主义的最初阶段"。社会主义初级阶段与新民主主义社会不是两个前后不同的阶段，而是同一个阶段。社会主义初级阶段"是和当代资本主义并行的阶段"，二者"产生于大体相同的母体，处在大体相

① 杨家志：《社会主义初级阶段与新民主主义发展模式的复归》，载《中南财经大学学报》1994 年第 5 期。杨家志此后又发表多篇论文，如《"复归说"与当代中国方程式的解》（载《中南财经大学学报》1996 年第 1 期）等，系统论证"复归说"。"复归说"提出后，在学术界引起强烈反响，直接参与讨论的论文有：朱延福：《历史的轨迹与未来的坐标》；毛磊、王丽荣：《新民主主义理论研究的新开拓》；秦贤正：《历史从哪里再接起来——评杨家志同志的"复归说"》（载《中南财经大学学报》1996 年第 3 期）；赵德馨：《何谓"复归"——我与杨家志教授的学术切磋》（载《中南财经大学学报》1997 年第 1 期）；刘宝兰：《从"巩固新民主主义制度"的争论看"复归说"的讨论》（载《中南财经大学学报》1998 年第 5 期）；徐崇温：《论社会主义初级阶段与新民主主义的区别》（载《理论前沿》1999 年第 19 期）。

② 胡岩：《新民主主义再认识》，载《当代世界社会主义问题》2001 年第 1 期。

③ 参见赵尚东：《中国特色社会主义是一种特殊历史形态的社会主义》，载《社会主义研究》2000 年第 3 期；陈文通：《当前中国重大经济问题探索》，北京：中国农业出版社，2000 年版。

同的历史时代,完成大体相同的历史任务”。

第三种是“过渡时期”说。这种观点的代表是汤在新、金重、成保良、智效和等。这种观点认为:现实社会主义是尚未完成马克思所说的过渡时期历史任务的社会主义,还不是马克思的共产主义社会第一阶段或列宁所说的社会主义,而只不过仍然处在马克思说的过渡时期的一个比较初级的阶段。① 金重从五个方面比较了斯大林讲的社会主义与马克思讲的社会主义的差别:斯大林大大降低了马克思为社会主义制定的生产力标准;在经济结构上,斯大林用“国家的即全民的所有制 + 集体农庄的所有制”的公式代替了马克思说的“社会所有”;在阶级结构上,斯大林用“工人阶级 + 农民阶级 + 知识分子”的公式代替了马克思说的“无阶级”;在商品货币问题上,斯大林用“特种商品生产”论代替了马克思的商品货币消亡论;在政治国家问题上,斯大林用工人阶级专政制度“保留”论代替了马克思的国家消亡论。② 成保良认为,在我国,原先讲的过渡时期和现在讲的社会主义初级阶段“在性质上是相近或相同的”,“过渡时期就是社会主义初级阶段,社会主义初级阶段就是过渡时期”。③

其实,上述三种说法尽管表述方式不同,但都有一个共同点,那就是:现实社会主义还不是马克思所说的共产主义社会第一阶段,而是共产主义社会第一阶段之前的一个阶段。

---

① 智效和:《辩证马克思的社会主义观》,载《经济科学》2002 年第 4 期;《列宁是否改变了马克思的社会主义观》,载《政治学研究》2002 年第 2 期;《斯大林的社会主义观与现实社会主义》,载《海派经济学》2003 卷第 3 辑。

② 金重:《对斯大林宣布“基本实现”社会主义的反思》,载《北京大学学报》1989 年第 3 期。

③ 成保良:《社会主义社会概念和社会主义初级阶段地位之我见》,载《经济学家》2001 年第 2 期。

2. 国外关于现实社会主义所处发展阶段的认识

就国外来说，一些社会主义国家在总结经验教训的基础上对过渡时期有了更加深入的认识。1986 年老挝人民革命党召开四大，明确老挝革命的目标是要实现社会主义，但目前不具备建设社会主义的物质基础，仍然处于“向社会主义过渡的初级阶段”；1991 年老挝人民革命党召开五大，重申了对老挝所处历史阶段的论述。[①] 1986 年越共六大指出，越南当时是处于“过渡时期的初级阶段”；1991 年越共七大认为，越南向社会主义过渡是一个长期的过程，将分为许多阶段[②]；2001 年召开的越共九大再次重申，建设社会主义、跨越资本主义是一项艰巨复杂的事业，必然需要有许多过渡阶段组成的较长的过渡时期和各种社会经济组织形式。[③] 波兰 1986 年通过的党纲写道：波兰“正处在从资本主义社会向社会主义社会过渡时期的最后阶段”；匈牙利社会主义工人党政治局委员、中央书记拜赖茨·亚诺什 1988 年 9 月 1 日指出：“事实表明……我们所处的时期是从资本主义向社会主义过渡的历史进程的一部分”[④]；苏联科索拉波夫教授认为，苏联仍处于过渡时期。

---

① 肖枫：《社会主义向何处去——冷战后世界社会主义大扫描》(上)，北京：当代世界出版社，1999 年版，第 459－460 页。

② 肖枫：《社会主义向何处去——冷战后世界社会主义大扫描》(上)，北京：当代世界出版社，1999 年版，第 419、420 页。

③ 崔桂田：《越共把马克思主义与本国国情相结合的探索》，载《当代世界社会主义问题》2002 年第 1 期。

④ 参考金重：《对斯大林宣布“基本实现”社会主义的反思》，载《北京大学学报》1989 年第 3 期。

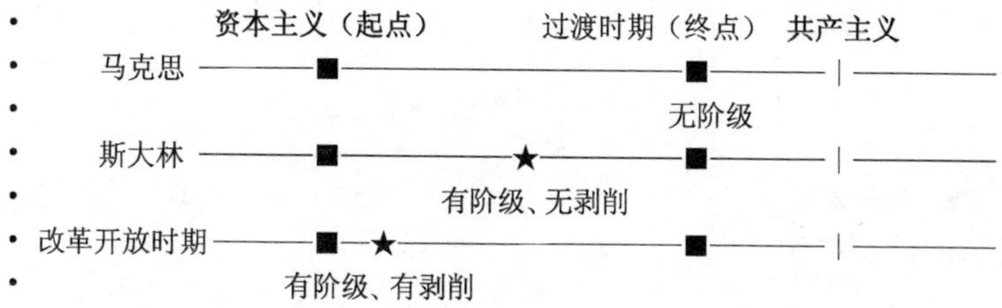
资本主义（起点）
过渡时期（终点）
共产主义
马克思
无阶级
斯大林
有阶级、无剥削
改革开放时期
有阶级、有剥削

图4

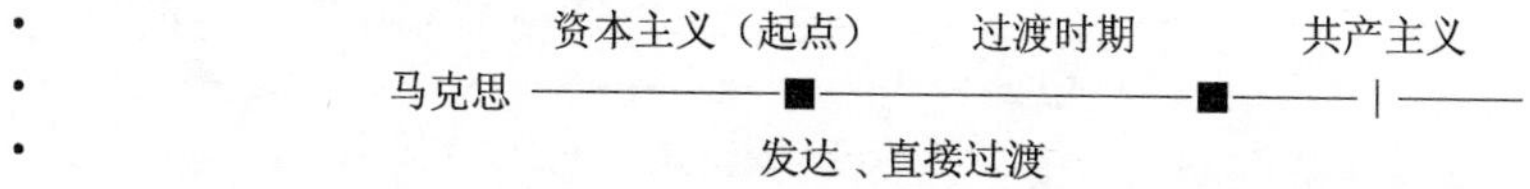
资本主义（起点）
过渡时期
共产主义
马克思
发达 、直接过渡

图5

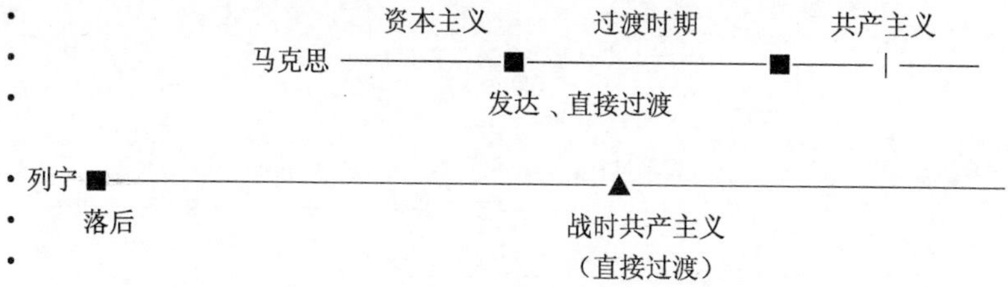
资本主义
过渡时期
共产主义
马克思
发达 、直接过渡
列宁
落后
战时共产主义
（直接过渡）

图6

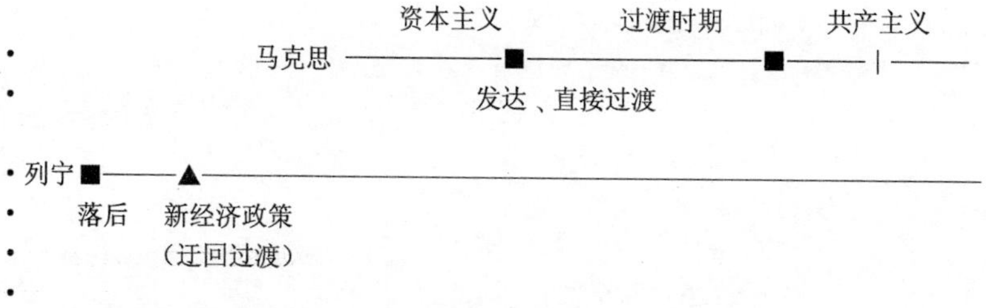
资本主义
过渡时期
共产主义
马克思
发达 、直接过渡
列宁
落后
新经济政策
（迂回过渡）

图7

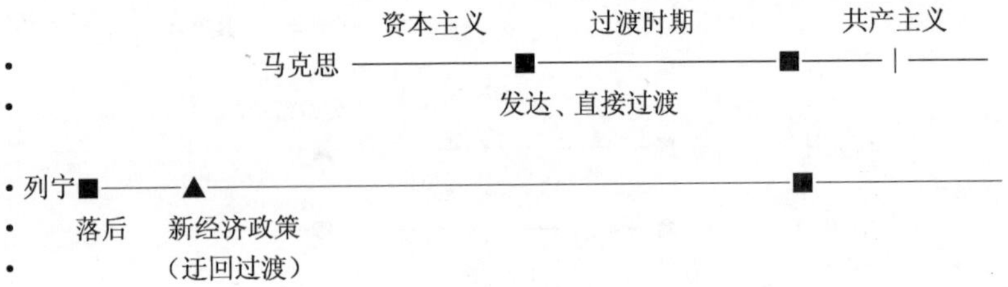
资本主义
过渡时期
共产主义
马克思
发达、直接过渡
列宁
落后
新经济政策
（迂回过渡）

图 8

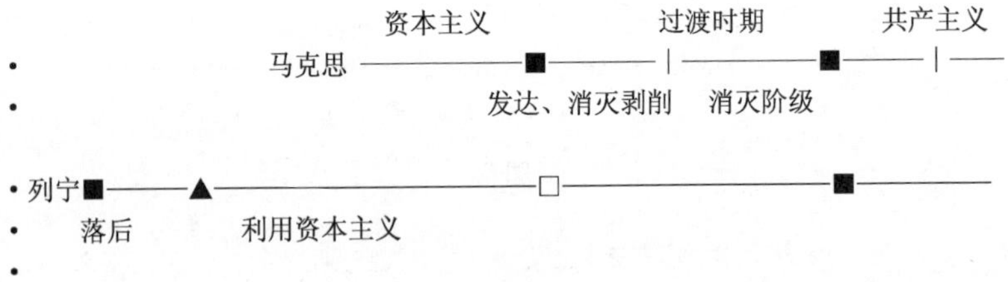
资本主义
过渡时期
共产主义
马克思
发达、消灭剥削
消灭阶级
列宁
落后
利用资本主义

图 9

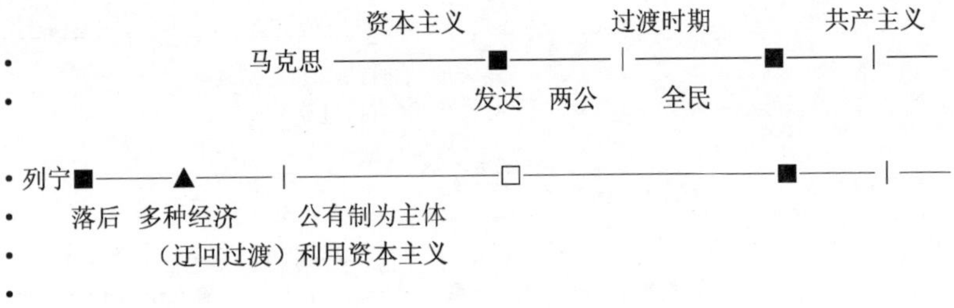
资本主义
过渡时期
共产主义
马克思
发达
两公
全民
列宁
落后
多种经济
公有制为主体
（迂回过渡）利用资本主义

图 10

第四章

商品经济与社会主义

社会主义社会应该实行商品经济还是计划经济？这是几十年来特别是改革开放以来长期争论不休的问题。只有从理论上说清楚这个问题，才能更好地坚持、巩固和发展社会主义。

一、共产主义第一阶段不存在商品经济

马克思、恩格斯是从人类社会彻底解放的角度来预测未来共产主义社会基本特征的。在他们看来，只有彻底消灭了一切阶级和阶级差别，才能实现人类社会的彻底解放；而彻底消灭一切阶级和阶级差别本身就意味着全体劳动者同生产资料的关系不存在任何差别，意味着劳动者在全社会范围内联合起来对生产资料和劳动产品的共同占有、统一的社会所有，也就是马克思、恩格斯所说的“社会所有制”。而社会所有制的实现又是以生产力的高度发展为前提的，而绝不是那种不顾生产力的实际水平、单纯依靠生产关系的变革所能达到的。因为在马克思、恩格斯看来，所谓阶级，无非是劳动者同生产资料的不同关系。阶级的“划分是以生产的不足为基础的，它将被现代生产力的充分发展所消灭”。“社会阶

级的消灭是以生产高度发展的阶段为前提的。”①

由于实行了社会所有制，人们同生产资料的关系不存在任何差别，因此商品生产和交换也就随之消失了。正如恩格斯在《反杜林论》中所指出的那样：“一旦社会占有了生产资料，商品生产就将被消除，而产品对生产者的统治也将随之消除。社会生产内部的无政府状态将为有计划的自觉的组织所代替。”②这也就是我们现在所说的产品经济或计划经济。在马克思、恩格斯那里，消灭阶级、国家、商品经济等都是生产资料社会所有制的必然结果。

这里需要指出的是：马克思、恩格斯所说的社会所有制、计划经济与我们今天的公有制、计划经济是不一样的。

第一章中已经提到，马、恩所说的社会所有制根本不同于后来社会主义实践中出现的全民和集体两种形式并存的社会主义公有制，更不存在现在人们所说的“公有制的多种实现形式”。因为在他们看来，只要还存在着人们同生产资料关系上的差别，消灭阶级就是不可能的事情。他们曾经批评杜林“经济公社”模式的社会主义，其实杜林并未主张搞私有制。杜林所说的“经济公社”实际上也就相当于我们今天的集体所有制。他设想：在全国建立起无数个经济公社，同时为了平衡各个经济公社之间的利益再设立一个“全国性的商业组织”。即使如此，马、恩仍然对杜林进行了批评，指出这种所谓的社会主义公有制模式是企图保留资本主义，因为在这种经济公社模式下“人仍旧要服从竞争”③。马、恩也的确讲过无产阶级夺取政权后可以利用合作社

---

① 《马克思恩格斯选集》第3卷，北京：人民出版社，1995年版，第632页。
② 《马克思恩格斯选集》第3卷，北京：人民出版社，1995年版，第633页。
③ 《马克思恩格斯选集》第3卷，北京：人民出版社，1995年版，第639页。

来改造农民，但指的都是过渡时期，并非未来的共产主义社会。他们也的确曾经把合作社同共产主义联系在一起，比如马克思在《法兰西内战》中指出："如果合作制生产不是一个幌子或一个骗局，如果它要去取代资本主义制度，如果联合起来的合作社按照共同的计划调节全国生产，从而控制全国生产，结束无时不在的无政府状态和周期性的动荡这样一些资本主义生产难以逃脱的劫难，那么，请问诸位先生，这不是共产主义、'可能的'共产主义，又是什么呢？"①他们所以既看重合作社过渡时期的作用，又不把合作社当作未来共产主义社会的所有制，这是因为合作社虽然在内部可以消除雇佣剥削关系，但在外部仍然不得不服从于商品生产和竞争的规律，结果还是会"到处都再生产出并且必然会再生产出现存制度的一切缺点"②。时下还有人把股份制混同于马克思的社会所有制。其实，现阶段应不应该实行股份制是一回事，而股份制究竟属于什么性质则是另一回事。在马克思、恩格斯看来："资本主义的股份企业，也和合作工厂一样，应当被看作是由资本主义生产方式转化为联合的生产方式的过渡形式。"③马克思所说的未来社会的社会所有制，是指劳动者已经在全社会范围内联合起来成为集体的所有者和集体的劳动者，劳动者就是所有者，所有者就是劳动者，劳动者与所有者已经合而为一了。这种社会所有制是只有在高度发达的生产力基础上才能实现的，并且这种社会所有制已经从根本上消除了商品生产和交换以及竞争的规律的作用。这里需要说明的是：在马克思、恩格斯看来，共产主义社会第一阶段和高级阶段都是社会所有制，因为他们虽然区分了共

① 《马克思恩格斯选集》第3卷，北京：人民出版社，1995年版，第59－60页。
② 《马克思恩格斯全集》第25卷，北京：人民出版社，1974年版，第498页。
③ 《马克思恩格斯全集》第25卷，北京：人民出版社，1974年版，第498页。

产主义社会的两阶段、区分了两阶段不同的分配方式，但并没有区分两阶段的所有制。

马克思、恩格斯的计划经济也不同于后来社会主义实践中出现的计划经济。后来社会主义实践中出现的计划经济是与商品经济并存的计划经济，而马、恩所说的计划经济却是完全排除了商品生产和交换的计划经济。按照马、恩的逻辑，由于共产主义社会第一阶段已经实现了生产资料的社会所有制，人们同生产资料的关系不存在任何差别，因此商品生产和交换自然就成为多余的了。我们在第一章中已经提到，马克思曾经批判蒲鲁东、杜林之流企图永远保留商品生产的小资产阶级社会主义观。其实蒲鲁东和杜林等人也希望消除资本主义剥削，但他们却幻想有不使资本主义介入的纯粹的商品生产，他们既要永远保留商品生产，又不想要资本主义剥削这个后果，既想保留资本主义的基础，又想消除资本主义的弊端，这在马克思看来是根本不可能的。马克思指出："说雇佣劳动的介入使商品生产变得不纯，那就等于说，商品生产要保持纯粹，它就不该发展。商品生产按自己本身内在的规律越是发展成为资本主义生产，商品生产的所有权规律也就越是转变为资本主义的占有规律。"①马克思无情地讽刺说："蒲鲁东把永恒的商品生产所有权规律同资本主义所有制对立起来，想以此来消灭资本主义所有制，对他的这种机智不能不感到惊讶！"②因此，那种借口现阶段仍然存在商品货币关系就断言马克思没有预料到社会主义还有商品经济的观点，以及把商品经济看作永恒的观点，都是根本站不住脚的。在马克思、恩格斯看来，在共产主义社会（包括它的第一阶段），不仅消灭了商品生产和商品交换，而且必然实行计划

① 《马克思恩格斯全集》第23卷，北京：人民出版社，1972年版，第644页。
② 《马克思恩格斯全集》第23卷，北京：人民出版社，1972年版，第644页。

经济,这是同一个问题的两个方面。消灭商品生产和实行计划经济都是社会所有制的必然结果,因此计划经济是以社会所有制为基础的,是与社会所有制须臾不可分离的。实际上,消灭私有制与消灭商品经济、实行计划经济之间的关系是内在统一的。马克思之所以在主张消灭私有制的同时强调必须实行计划经济,这是因为只有计划经济才能在全社会范围内合理地组织劳动。随着生产社会化的不断扩大,不仅要求企业内部合理地组织劳动,而且要求在全社会范围内合理地组织劳动。对于前者,资本主义的商品经济已经做到了;对于后者,只有社会主义才能做到,只有实行计划经济才能做到。因此,在马克思恩、格斯看来,公有制与计划经济好比是一种鱼与水的关系。①

总之,在马克思、恩格斯看来,资本主义社会是以生产资料的资本家私有制为基础的商品经济社会,未来的共产主义社会(包括它的第一阶段)是以生产资料的社会所有制为基础的产品经济或者计划经济的社会,是已经消灭了私有制和商品货币关系的社会。至于在从资本主义到共产主义社会第一阶段之间的过渡时期,究竟应该是什么样的所有制和什么样的经济运行形态,马克思、恩格斯并没有作专门的论述。不过他们并未否认过渡时期仍然存在不同的所有制形式和商品货币关系。根据他们在《共产主义原理》《共产党宣言》中关于无产阶级夺取政权后只能逐步废除私有制的思想,不难看出,在他们看来,从资本主义向共产主义社会第一阶段的过渡时期,是资本主义私有制逐步为共产主义社会的社会所有制所代替的过程,也是商品经济逐步为计划经济所代替的过程。只有进入共产主义社会第一阶

① 参考智效和:《列宁是否改变了马克思的社会主义观》,载《政治学研究》2002 年第 2 期。

段，才能最终彻底消灭私有制和商品经济。这个过渡时期不仅是消灭私有制的时期，而且是消灭商品经济的时期，对整个社会进行根本的彻底改造的时期。

二、列宁提出了社会主义商品经济思想吗

同马克思、恩格斯一样，列宁认为未来的共产主义社会（包括它的第一阶段）是已经没有了人们在生产资料关系上的差别，因而也没有了商品货币关系。现在，学术界有人以列宁在新经济政策期间实行多种经济成分并存和商品经济为由，认为列宁至少在十月革命后改变了马克思、恩格斯对社会主义的看法，即改变了马、恩关于未来社会不存在商品生产和交换的看法，认为商品货币关系一直存在到未来的共产主义社会（特别是它的第一阶段），并把这说成是列宁对马克思社会主义观的重要丰富和发展，有的甚至提出社会主义商品（市场）经济的思想列宁早已有之。还有人以列宁新经济政策时期说的"社会主义产品交换"为由提出不同所有制之间的交换就是社会主义的产品交换。还有人以列宁说过的"对社会主义的整个看法根本改变了"为由，认为列宁曾经提出了合作社的社会主义。诸如此类的看法都是对列宁新经济政策的误解。

事实上，斯大林是在 1936 年宣布进入社会主义的，他是否提前宣布进入了社会主义，我们暂且不管，单以他宣布进入社会主义的时间来看，列宁的新经济政策也只是处在过渡时期，而且只是处在过渡时期的初期，根本不是社会主义。提出上述看法的人实际上是自觉或不自觉地取消了在资本主义和共产主义社会第一阶段之间的过渡时期，这也就等于说，在他们看来，无产阶级一经夺取政权无须经过过渡时期就可以进入共产主义社会第一阶段。而这

样的结论又恰恰是他们所不愿接受的。

列宁真的认为社会主义社会还会存在多种经济成分并存和商品货币关系吗？列宁真的提出了社会主义商品经济的思想吗？关于这个问题，下面的两段话足可以说明列宁本人的真实看法。1906年，列宁指出："只要还存在着市场经济，只要还保持着货币权力和资本力量，世界上任何法律都无法消灭不平等和剥削。只有建立起大规模的社会化的计划经济，一切土地、工厂、工具都转归工人阶级所有，才可能消灭一切剥削。"①1908年，他又指出："至于社会主义，那么大家知道，它就是消灭商品经济……只要仍然有交换，谈论什么社会主义就是可笑的。"②其实，在列宁看来，新经济政策不仅不是社会主义的政策，而且也不是社会主义改造即直接过渡的政策，而是迂回过渡的政策、利用资本主义的政策。在他看来，新经济政策只是一种退却。他多次明确指出：正面攻击失败了，那我们就改用迂回的办法，采用围攻和对地壕战。"今年春天我们改行新经济政策，退回到采用国家资本主义的经营手段、经营方式和经营方法，这种退却是否已经够了，以致可以停止退却而开始准备进攻呢？不，实际表明退得还不够。""我们应当认识到，我们还退得不够，必须再退，再后退，从国家资本主义转到由国家调节买卖和货币流通。"③

不仅如此，列宁还多次明确强调实行新经济政策就是转而恢复资本主义。他说："新经济政策就是以实物税代替余粮收集制，就是在很大程度上转而恢复资本主义……把企业租给私人资本家，这些都是直接恢复资本主义……在这种自由贸易的土壤上不

① 《列宁全集》第13卷，北京：人民出版社，1987年版，第124页。
② 《列宁全集》第17卷，北京：人民出版社，1988年版，第111页。
③ 《列宁选集》第4卷，北京：人民出版社，1995年版，第604、605页。

可能不滋长资本主义。这是经济学初级读本教给我们的最基本的经济常识……”①“新经济政策所造成的情况，如小型商业企业的发展、国营企业的出租等，都意味着资本主义关系的发展，看不到这一点，那就是完全丧失了清醒的头脑。”②“我们在今年春天说，我们要用粮食税代替余粮收集制，要颁布法令，规定交纳粮食税以后剩下的粮食可以自由买卖。当时我们这样做，也就是使资本主义得到发展的自由。不明白这一点，就等于根本不懂得基本的经济关系，根本不可能认清形势和正确行动。”③“流转就是贸易自由，就是资本主义。”④当然，这里需要指出，列宁的目的并不就是真的要发展到资本主义那里去；恰恰相反，列宁的目的在于利用资本主义发展社会主义。他还指出，我们所能容纳的资本主义只是国家资本主义，而国家资本主义，就是我们能够加以限制、能够规定其范围的资本主义。列宁不仅敢于承认新经济政策是退却的政策、利用资本主义的政策，而且强调一定要向广大群众说清楚这一点。他指出：“如果我们对自己、对工人阶级、对群众隐瞒这一点，那就等于承认我们根本没有觉悟，等于没有勇气正视现状。”⑤联系列宁的论述，反思我们今天的现实，一些人非要把非公有制成分说成社会主义，对商品经济的消极作用避而不谈，这种现象真是不能不使人感到忧虑。

的确，列宁是有过“社会主义的产品交换”的说法。其实，“社会主义产品交换”一词不过是列宁在新经济政策期间为了区

---

① 《列宁选集》第4卷，北京：人民出版社，1995年版，第576－577页。
② 《列宁选集》第4卷，北京：人民出版社，1995年版，第607页。
③ 《列宁选集》第4卷，北京：人民出版社，1995年版，第608页。
④ 《列宁选集》第4卷，北京：人民出版社，1995年版，第524页。
⑤ 《列宁选集》第4卷，北京：人民出版社，1995年版，第606页。

分以公有制为基础的交换和以私有制为基础的交换而已。① 十月革命后,列宁在表示各种交换关系时的用词是相当讲究的。他把交换区分为以私有制为基础的交换和以公有制为基础的交换,并把前者称为商品交换,而把后者称为非商品性的产品交换。他把以公有制为基础的交换称为"社会主义产品交换",简称"产品交换";而把十月革命后出现过的过渡性交换关系,严密地划分为三种,即"国家垄断制""国家资本主义商品交换关系""国家调节商品买卖和货币流通"。并且指出,这后三种交换关系都是向社会主义产品交换关系的过渡形式。例如,他在说战时共产主义时期的余粮收集制时讲"这个制度是从资本主义商品交换逐渐过渡到社会主义产品交换的最重要的手段之一"②;在实行"国家资本主义商品交换关系"时,他也说"粮食税,是从极度贫困、经济破坏和战争迫使我们所实行的特殊的'战时共产主义'向正常的社会主义的产品交换过渡的一种形式"③;在讲"国家调节商品买卖"时,他说,这"是为了使大工业迅速恢复并且尽快同农业结合起来,以便实现正常的产品交换"④。但是,这里的"产品交换"是否就是过渡时期的终点呢?⑤ 不是的。其实,这里的"产品交换"也和商品交换一样只不过是向共产主义社会第一阶段即社会主义社会过

① 参考智效和:《列宁是否改变了马克思的社会主义观》,载《政治学研究》2002 年第 2 期。

② 《列宁全集》第 34 卷,北京:人民出版社,1985 年版,第 406 页。

③ 《列宁全集》第 41 卷,北京:人民出版社,1986 年版,第 208 页。

④ 《列宁全集》第 42 卷,北京:人民出版社,1987 年版,第 237 页。

⑤ 骆耕漠在《列宁关于十月革命后四种交换关系的分析》(载《中国社会科学》1980 年第 1 期)一文中认为,"社会主义产品交换"是指非商品性的交换,我对这种看法是不敢苟同的。实际上,这是把"社会主义产品交换"当作了过渡时期的终点,把这里的过渡时期以公有制为基础交换的"产品"混同于共产主义社会第一阶段的产品经济。

渡时期的一种交换形式。这里之所以叫作“产品交换”，而不叫作“商品交换”，是为了区分以公有制为基础的交换和以私有制为基础的交换。实际上，这里的“产品交换”也是商品交换。比如，他有时就把国家工业品和农民粮食的交换称作“商品交换或产品交换”①。

至于有人以列宁说过的“对社会主义的整个看法根本改变了”为由，认为列宁提出了合作社的社会主义，这种观点就更是站不住脚了。列宁的确说过“合作社的发展也就等于……社会主义的发展”，“我们不得不承认我们对社会主义的整个看法根本改变了”。② 但是，这里根本改变的只是合作社与争取社会主义的关系，正如列宁自己所解释的那样：“这种根本改变表现在：从前我们是把重心放在而且也应该放在政治斗争、革命、夺取政权等等方面，而现在重心改变了，转到和平的‘文化’组织工作上去了。”③过去自欧文以来的合作社社会主义者企图不经过阶级斗争、革命和夺取政权，而试图单靠合作社运动来达到和平改造资本主义的目的，这在马克思主义者看来，完全是一种十足的幻想；现在，无产阶级已经夺取政权，用合作社来争取社会主义就不再是一种幻想而是完全必要的了。从这里根本不可能得出列宁有合作社所有制的社会主义的结论。④

总之，列宁和马克思、恩格斯一样认为：资本主义社会是以私有制为基础的商品经济社会，共产主义社会实行的是以生产资料社会所有制为基础的计划经济。至于新经济政策中的多种经济成

---

① 《列宁选集》第4卷，北京：人民出版社，1995年版，第533页。

② 《列宁全集》第43卷，北京：人民出版社，1987年版，第367页。

③ 《列宁全集》第43卷，北京：人民出版社，1987年版，第367页。

④ 参考智效和：《列宁是否改变了马克思的社会主义观》，载《政治学研究》2002年第2期。

分和商品货币关系，则是列宁从俄国经济文化落后的国情出发所实行的迂回过渡政策，即利用资本主义的政策。列宁的新经济政策发展的不是马克思的社会主义理论，而是他的过渡时期理论。列宁在新经济政策期间也讲利用多种经济成分和商品经济，但他绝没有因此就把非公有制经济成分当作社会主义，也没有认为商品经济会一直存在到社会主义。

三、斯大林的社会主义"计划经济"

第一章已经提到，斯大林是在刚刚消灭了剥削阶级、尚未消灭阶级的情况下就提前宣布进入社会主义的，并说这就是马克思所说的共产主义社会第一阶段。他所说的社会主义实际上是降低了标准的社会主义，与马克思的共产主义第一阶段处处不一样。比如，在马克思那里，共产主义第一阶段是生产资料社会所有制；但在斯大林这里，却只能是全民和集体两种公有制并存。在马克思那里，是完全排除了商品货币关系的产品经济或计划经济；但在斯大林这里，却依然存在着商品货币关系，并且认为只有到共产主义社会高级阶段才能消灭商品货币关系。

当时有人曾援引恩格斯在《反杜林论》中所讲的"一旦社会占有了生产资料，商品生产就将被消除，而产品对生产者的统治也将随之消除"这句话，提出既然已经取得了政权并把生产资料收归国有以后，就应当消除商品生产。斯大林认为这种观点是"大错特错"了。他认为，恩格斯的这个公式不能说是十分明确的，因为其中没有指出，究竟是社会占有一切生产资料，还是占有一部分生产资料，即一切生产资料转归全民所有，还是仅仅一部分生产资料转归全民所有。这就是说，恩格斯的这个公式可以这样理解，也可以那样理解。① 斯大林用恩格斯的这句话来论证当时苏联不能消灭商品生产，这是可以的；但他说恩格斯的这句话可以这样理解、也可以那样理解，则是错误的。紧接着他又指出，在《反杜林论》的另一个地方，恩格斯讲到占有"一切生产资料"，讲到占有"全部生产资料"。"这就是说，恩格斯在他的公式中所指的，不是把一部分生产资料收归国有，而是把一切生产资料收归国有，即不仅把工业中的生产资料，而且也把农业中的生产资料都转归全民所有……在这样的国家中，在把一切生产资料公有化的同时，还应该消除商品生产。"②很明显，按照这样的推理，苏联当时并没有实现一切生产资料收归国有，自然就不能消除商品货币关系。针对有人提出的"生产资料公有制的统治地位已经确立，而雇佣劳动制度和剥削制度已被消灭以后，商品生产的存在就失去了意义，因此就应该消除商品生产"的观点，斯大林指出："现今在我国，存在着社会主义生产的两种基本形式：一种是国家的即全民的形式，一种是不能叫作全民形式的集体农庄形式……只要还存在着两种基本生产成分，商品生产和商品流通便应当作为我国国民经济体系中必要的和极其有用的因素而仍然保存着。"③

实际上，斯大林混淆了过渡时期与共产主义社会第一阶段的界限，他所说的社会主义其实仍然处在马克思说的过渡时期，是尚未完成马克思所说的过渡时期历史任务的社会主义。在过渡时期不能实行社会所有制，不能消除商品货币关系，这并不违背马克思的逻辑。只是斯大林不该把他所说的两种公有制并存的社会主义等同于马克思的共产主义社会第一阶段。

---

① 《斯大林选集》下卷，北京：人民出版社，1979 年版，第 545 – 546 页。
② 《斯大林选集》下卷，北京：人民出版社，1979 年版，第 546 页。
③ 《斯大林选集》下卷，北京：人民出版社，1979 年版，第 549 – 550 页。

但是,斯大林所说的商品生产也不同于资本主义商品生产,而是特种商品生产。

针对当时有人认为"商品生产不论在什么条件下都要引导到而且一定会引导到资本主义",斯大林指出:这是不对的。并不是在任何时候,也不是在任何条件下都是如此!不能把商品生产和资本主义生产混为一谈。只有存在着生产资料的私有制,只有劳动力作为商品出现于市场而资本家能够购买并在生产过程中加以剥削,就是说,只有国内存在着资本家剥削雇佣工人的制度,商品生产才会引导到资本主义。① 他还指出:"我国的商品生产并不是通常的商品生产,而是特种的商品生产,是没有资本家参加的商品生产,它所涉及的基本上都是联合起来的社会主义生产者(国家、集体农庄、合作社)所生产的商品。它的活动范围只限于个人消费品。显然,它决不能发展为资本主义生产。"②

他还指出:无论如何不能把我国制度下的生产资料列入商品的范畴。"在对外贸易领域内,并且仅仅是在这个领域内,我们的生产资料才确实是商品。""在对外贸易流通领域内,我国企业所生产的生产资料,无论在实质上或形式上都保持着商品的属性,可是在国内经济领域内,生产资料却失去商品的属性,不再是商品,并且脱出了价值规律发生作用的范围,仅仅保持着商品的外壳(计价等等)。"③这就是说,在斯大林这里,在社会主义条件下的商品主要是指生活资料,而不是生产资料;即使包括生产资料,也只是严格地限制在对外贸易流通领域,而不可能存在于国内经济领域。他所说的特种的商品生产之"特"就"特"在这里。

---

① 《斯大林选集》下卷,北京:人民出版社,1979 年版,第 548 – 549 页。
② 《斯大林选集》下卷,北京:人民出版社,1979 年版,第 551 页。
③ 《斯大林选集》下卷,北京:人民出版社,1979 年版,第 578 页。

这里还需要指出的是：斯大林所说的商品生产之所以不同于通常的资本主义的商品生产，除了商品的范围受到严格的限制以外，还有两方面因素：第一，这些商品都是联合起来的社会主义生产者即国家、集体农庄、合作社生产的商品①；第二，“在这方面起作用的，还有国民经济有计划（按比例）发展的规律，这个规律代替了竞争和生产无政府状态的规律”②。而实际上，国民经济有计划（按比例）发展的规律不仅起着作用，而且起着主要的作用。在他看来，社会主义社会实行计划经济，这是马克思主义的天经地义。

公正地说，斯大林虽然提前宣布进入了社会主义，但他并没有机械地完全按照马克思关于社会主义（即共产主义社会第一阶段）的那套设想来指导现实的社会主义实践，并没有宣布废除商品货币关系，取消阶级和国家等。可以试想一下，如果真的那样做了，后果将不堪设想。因此，尽管他在理论上混淆了过渡时期与共产主义社会第一阶段的界限，错误地把过渡时期的一定阶段当作社会主义社会；但在实践中，他还有从实际出发的一面。况且他并没有把资本主义的东西当作社会主义，没有混淆资本主义和社会主义。从这方面看，尽管斯大林改变了马克思的社会主义观，但并没有修正马克思主义，更没有抛弃马克思主义。他总体上还是在马克思主义的逻辑范围之内谈论社会主义的，还是坚持马克思主义的。

但是，尽管他仍然保留了两种公有制经济并存和商品经济，由于过早地消灭了非公有制经济成分，整个国民经济体系实行的都是计划体制，商品的范围只局限于个人消费品领域及生产资料的

① 《斯大林选集》下卷，北京：人民出版社，1979 年版，第 551 页。
② 《斯大林选集》下卷，北京：人民出版社，1979 年版，第 554 页。

对外贸易流通领域，因此在整个国民经济中，商品经济只占有很小的比重，这在一定程度上制约了社会生产力的发展，从这个方面来看，又是不大符合落后国家向社会主义过渡的具体实际的，又存在一些教条主义的成分。当然，向社会主义过渡是一项前所未有的事业，没有任何经验可以借鉴，在探索中经历这样那样的曲折和失误是难以完全避免的。我们不能苛求前人。斯大林的一生，功劳仍然是主要的和第一位的。

这里需要指出的是，在这个问题上，毛泽东与斯大林的看法大同小异。因此，对毛泽东在这个问题上的看法就不再作专门的讨论，只在斯大林关于这个问题看法的题目下作些比较。毛泽东和斯大林一样，都是在远未完成过渡时期消灭阶级的历史任务的情况下就提前宣布进入社会主义的；但是，按照马克思、恩格斯和列宁的思想，共产主义第一阶段（即社会主义）是没有商品经济、阶级和国家的，而现实却又不能没有这些东西，因此为了自圆其说，他们又都把过渡时期说成是向共产主义社会高级阶段过渡。这就不仅犯了“小过渡”（缩短过渡时期，把过渡时期的一定阶段当作社会主义）的错误，而且也犯了“大过渡”（把过渡时期说成是向共产主义社会高级阶段过渡，从而把共产主义社会第一阶段也划入过渡时期）的错误。和斯大林一样，毛泽东认为社会主义社会是存在商品经济的社会，只有到共产主义社会高级阶段商品经济才能消亡。在某些方面，毛泽东不仅赞同斯大林的观点，而且思考更深入。比如，他认为商品生产的存在不仅与两种所有制有关，而且还与社会生产力水平有关。他说：“两种所有制存在，是商品生产的主要前提。但商品生产的命运，最终和社会生产力的水平有密切关系。因此，即使过渡到了单一的社会主义全民所有制，如果产品还不很丰富，某些范围内的商品生产和商品交换仍然有可能存在。"①再比如,斯大林只是说:"我国的商品生产并不是通常的商品生产","我国的商品生产是和资本主义制度下的商品生产根本不同的"。② 毛泽东则进一步提出要区分社会主义商品生产和资本主义商品生产,他指出:"商品生产不能与资本主义混为一谈。为什么怕商品生产?无非是怕资本主义……商品生产,要看它是同什么经济制度相联系,同资本主义制度相联系就是资本主义的商品生产,同社会主义制度相联系就是社会主义的商品生产。"③他还批评指出:"现在,我们有些人大有要消灭商品生产之势。他们向往共产主义,一提商品生产就发愁,觉得这是资本主义的东西,没有分清社会主义商品生产和资本主义商品生产的区别,不懂得在社会主义条件下利用商品生产的作用的重要性。"④毛泽东也有不赞同斯大林之处。比如在生产资料是不是商品的问题上,毛泽东与斯大林就有不同看法。在《关于社会主义商品生产问题》一文中,毛泽东指出:"斯大林认为在苏联生产资料不是商品。在我们国家就不同,生产资料又是商品又不是商品,有一部分生产资料是商品,我们把农业机械卖给合作社。"⑤在《读斯大林〈苏联社会主义经济问题〉谈话记录》中,毛泽东又指出:"斯大林说,苏联的'特种的商品生产'的'活动范围只限于个人消费品'。这看来很不妥当。它的活动范围不限于个人消费品,在我国,有些生产资料,例如拖拉机等生产资料是属于商品的。"⑥总

① 《毛泽东著作专题摘编》,北京:中央文献出版社,2003 年版,第 977 页。
② 《斯大林选集》下卷,北京:人民出版社,1979 年版,第 551 页。
③ 《毛泽东文集》第 7 卷,北京:人民出版社,1999 年版,第 439 页。
④ 《毛泽东文集》第 7 卷,北京:人民出版社,1999 年版,第 437 页。
⑤ 《毛泽东文集》第 7 卷,北京:人民出版社,1999 年版,第 435 页。
⑥ 《毛泽东著作专题摘编》,北京:中央文献出版社,2003 年版,第 980 页。

之，毛泽东和斯大林一样，既有从实际出发，并未消除商品货币关系的积极的一面；又有离开生产力的实际水平，照搬马、恩关于未来社会的设想用以指导本来仍然处在过渡时期的实践的一面。他们既有发展商品生产和商品交换的一面，又有发展不足的一面。

四、关于社会主义初级阶段的市场经济

20世纪后半叶以来，各社会主义国家普遍走上了改革的道路。中国也于70年代末开始改革。改革对于突破一个时期以来国际共产主义运动中普遍存在的“超越阶段”“急躁冒进”的“左”的指导思想，对于纠正过去工作中一定程度上存在的用马克思的共产主义第一阶段理论来指导现实过渡时期实践的错误具有十分重要的意义。这里只以越南为例来说明这个问题。1986年12月越共召开六大，对过去的路线进行反思，重新认识国情，纠正脱离实际超越阶段的错误，承认越南当时仍然处于向社会主义“过渡时期的初级阶段”；从生产力很弱小的小生产走向社会主义，必须运用和发展列宁关于新经济政策的思想；越南“不经过”资本主义制度，但要“会使用”资本主义的形式和方法，要通过国家资本主义的形式来使用资本主义经济，以建设社会主义；越南革新经济体制的目标模式是“建立以社会主义为定向的、由国家管理的、多种成分的商品经济”，在多种经济成分中，国有经济起“主导作用”。①

中国是一个经济文化都比较落后的国家，人口多，底子薄，生产力不发达。因此通过改革，逐步摆脱过去那种高度集中的计划

① 肖枫：《社会主义向何处去》（上），北京：当代世界出版社，1999年版，第419、424－425页。

经济体制的束缚，实行以公有制为主体、多种经济成分并存，逐步建立社会主义商品（市场）经济体制，这是符合现阶段我国经济社会发展实际的。因为我们正在努力建设的中国特色的社会主义实际上仍然处于马克思所说的过渡时期的初级阶段。中国是一个比俄国还要落后的国家，更有必要学习和借鉴列宁的新经济政策，利用资本主义来建设社会主义。

改革开放以来，我们逐步确立了以公有制为主体、多种经济成分并存的所有制结构，以按劳分配为主体、多种分配方式为补充的分配结构和社会主义市场经济体制的改革目标。积极发展非公有制经济，努力培育市场体系，这对于繁荣经济、发展生产、改善人民生活具有十分重要的意义。但是，非公有制经济、按生产要素分配、商品货币关系，等等，这些在马克思、恩格斯、列宁等马克思主义经典作家那里都是与资本主义联系在一起的。前面我们已经谈到，列宁新经济政策期间对此曾经作过反复的强调。列宁在这里的意思主要有三层：第一，商品生产和商品交换、贸易自由、国营企业的出租等都是在实行利用资本主义的政策，都是允许资本主义的适当恢复和发展；第二，这些政策尽管都是和资本主义联系在一起的，然而在当时却是不可避免的；第三，利用资本主义是有危险的，减少这种危险性的唯一办法就是在利用的同时必须进行坚决的斗争。

在对商品经济的看法上，列宁和马克思、恩格斯是完全一致的，也是我们对待商品经济所应采取的唯一正确态度。自斯大林以来往往把商品经济说成是一种手段，是中性的，即资本主义可以利用，社会主义也可以利用，既有资本主义商品经济，也有社会主义商品经济。这种说法也许具有政治意义，但的确存在着一定的理论问题。现阶段应不应该发展和利用非公有制成分、商品经济是一回事，而非公有制成分是不是社会主义的、商品经济会不会导致资本主义则是另一回事。我们既不能因为非公有制成分不是社会主义的、商品经济有可能导致资本主义，现阶段就拒绝发展和利用；同样，也不能因为现阶段仍然有必要发展和利用非公有制成分和商品经济，就硬是要改变非公有制成分的性质，淡化商品经济可能导致资本主义的危险性。如果这样，理论上只能越来越混乱，社会主义和资本主义就没有了任何界限。

可能有一些人，他们一听说现阶段仍然有必要发展和利用非公有制成分和市场经济，于是就认为非公有制成分和市场经济比例越多越好，并以此为借口否认公有制经济的主体地位和经济计划的必要性。这种观点也是我们坚决反对的。正如美国学者斯威齐和法国学者贝特兰在《向社会主义过渡》一书中所说的那样，过渡时期是一条双行道。① 它可以通往社会主义，也可以通往资本主义。因此，不加限制的非公有制和商品经济必然通往资本主义。我们所说的过渡时期是向共产主义社会第一阶段过渡、向社会主义过渡，而不是向资本主义过渡，当然不可能允许非公有制经济和商品货币关系任意发展而不加限制。我们所说的利用资本主义同有些人所主张的全面私有化、全面市场化的新自由主义毫无共同之处。上述观点其实仍然没有准确地理解列宁的新经济政策。在列宁新经济政策的问题上，斯大林的理解是相当客观和准确的。在1929年《论联共(布)党内的右倾》演说中，斯大林指出了新经济政策所包括的两个方面：一方面，新经济政策就是容许私人贸易的一定自由；另一方面，新经济政策也绝不是容许私人贸易完全自由，绝不是容许在市场上自由玩弄价格。新经济政策是在保证国家对市场起调节作用的条件下容许私人贸易在一定限度、一定

① ［美］保罗·斯威齐、［法］夏尔·贝特兰：《论向社会主义过渡》，尚政译，郑文华、马清槐校，北京：商务印书馆，1975年版，第80、34－35页。

范围内的自由。“只要新经济政策存在，就应当保存它的两个方面：第一个方面是……保证私人贸易的一定自由；第二个方面是反对私人贸易完全自由，其目的是保证国家对市场起调节作用。取消这两个方面中的一个方面就不会有新经济政策。”①

还有人以马克思没有预料到社会主义还有商品经济为由批评马克思。而更为严重的是，一旦认为非公有制成分就是社会主义，否认商品经济可能导致资本主义的危险性，就没有必要再对其采取限制和斗争措施了。由此造成的理论混乱和实践灾难将是不堪设想的。

在斯大林和毛泽东的时代，这种对于商品经济的认识所造成的后果并没有体现出来，因为那时尽管存在商品经济的成分，但比重不大，而整个国民经济基本上都是实行计划经济的管理体制，所以即使把商品经济定性为中性的东西，也不会产生什么实际后果；但是，改革开放以后，情况就完全不同了：过去高度集中的计划经济管理体制已经不复存在，继续把商品（市场）经济定性为中性的东西，就失去了对其进行限制和斗争的理论依据。这些年来经济、政治、文化以及社会生活的各个领域所存在的问题，如假冒伪劣、贪污受贿、走私贩私、吸毒贩毒、偷税漏税、卖淫嫖娼等无不与此有着直接的联系。

这里，我还想谈两点看法。

第一，我们今天应该怎么看待邓小平南方谈话中关于计划与市场关系的论述。我以为，对于邓小平的有关计划和市场关系的论述应该从当时的历史背景和面临的主要任务出发，从邓小平讲话的主要针对性出发来思考问题，而不应该像有些人那样仅仅从字面做机械的理解。邓小平这番话的主要历史性贡献，是充分认

---

① 《斯大林选集》下卷，北京：人民出版社，1979 年版，第 144－145 页。

识到中国现阶段发展商品经济的极端必要性,并且号召大家不要瞻前顾后,被理论问题束缚手脚,而是要大胆地干,大胆地吸收和借鉴资本主义国家先进的东西,而并没有打算为计划和市场进行定性。在当时的情况下,能够力排众议,做到这一点已经非常不容易了。如果要求一个90多岁高龄的老人来为计划和市场进行定性,显然这种要求是过分苛刻了。

第二,如何理解"社会主义市场经济"这个表述。我以为,"社会主义市场经济",这里的"社会主义"也决不应该理解为"共产主义第一阶段"那样的"社会主义制度"的意思,而应该理解为"向社会主义迂回过渡"的意思。所谓"社会主义市场经济",实际上就是"向社会主义迂回过渡阶段的市场经济",只有这样理解,才不仅符合马克思列宁主义的逻辑,而且也符合现阶段我国经济社会发展的客观实际。只有这样理解,长期以来争论不休的问题才能从理论上得到彻底解决,也才能避免我们在实际工作中出现的政策左右摇摆。

改革开放以来,邓小平的确就社会主义问题进行过探讨,也发表过不少论述。比如,邓小平说,社会主义的本质,就是解放生产力,发展生产力,消灭剥削,消除两极分化,最终达到共同富裕;他还说,只有物质文明和精神文明都搞好,才是中国特色社会主义;等等。那么,应该如何理解邓小平对社会主义问题的艰辛探索与马克思主义经典作家对社会主义的科学预测之间的关系呢?

过去每当遇到这种差别,我们常常以"发展"为名搪塞过去。当然,马克思、恩格斯并没有结束对社会主义的认识,他们关于未来社会的思想仍然给后人留下了巨大的发展空间。但是,当我们在讲发展的同时,实际上有意无意地是在承认这样一个事实,那就是马克思的社会主义是空想的,或者至少有空想的成分。这样一来,实际上也就否定了马克思对社会主义的预测的科学性。的确,从字面上看,邓小平也是在探讨什么是社会主义的问题。但是,我以为我们对邓小平论述的理解,如果仅仅停留在字面的意思,那就大错特错了。

我们要深刻理解和把握邓小平关于社会主义的论述,就必须结合我们当前所处的时代背景和所面临的主要任务。其实,我们当前所面临的主要任务,还不是去发展马克思的社会主义理论,而是如何从现实中国的国情出发,脚踏实地地建设社会主义,特别是目前要彻底改变经济文化仍然比较落后的状况,早日实现现代化,一步一个脚印地过渡到社会主义制度(即马克思的共产主义第一阶段)。所以,邓小平所论述的社会主义本质、社会主义也可以搞市场经济等思想,实际上是针对落后的中国,应该如何建设社会主义的问题。我觉得,只有这样理解,才符合邓小平的本意,而决不能不动脑筋地停留在字面的意思。

综上所述,马克思是从定性的角度来论述社会主义的,他主要回答的是,社会主义要达到解放全人类的目标,必须具备哪些最基本的条件。只有达到这些条件,全人类的解放事业才能真正实现,而达不到这些条件,所谓全人类的彻底解放就只能是一句空话。而邓小平则是从我们中国作为一个经济文化比较落后的国家,在目前应该如何建设社会主义,如何逐步实现“合格”的社会主义,逐步过渡到马克思的共产主义第一阶段,即列宁所说的社会主义。在他看来,在当前生产力还不够发达,经济文化还比较落后的条件下,就不能照搬马克思关于共产主义第一阶段的论述来指导我们今天仍然处在过渡时期的实践。因此他一直十分强调反对超越阶段,反对教条主义,其深刻含义就在这里。

一个是从什么是社会主义的角度来论述的,一个是从如何建设社会主义和如何在经济文化落后的条件下过渡到社会主义的角度论述的。因此,尽管两个人都在探讨什么是社会主义的问题,但是探讨的角度和出发点是不一样的。马克思的社会主义理论为我们指明了前进的方向，邓小平关于社会主义的论述为我们提供了现阶段建设社会主义的行动指南。没有行动指南，只说不干，等不来社会主义；同样，没有明确的前进目标，就会迷失方向。笔者以为，我们只有这样理解，才能从马克思主义思想史的角度彻底解决长期以来的思想混乱，才能重新树立社会主义、马克思主义在人们心目中的美好形象，才能扭转现阶段思想政治工作的被动局面，才能实现中国特色社会主义事业的科学发展和健康发展。

第五章

阶级、国家与社会主义

阶级观点和阶级分析方法，是马克思主义的基本观点和基本方法。研究社会主义问题，不能不谈到社会主义与阶级、国家的关系。然而长期以来，这个问题被一些人搞得混乱不堪。人们经常听到的一种说法是：现在已经是社会主义，怎么还老谈阶级？有人说，阶级、阶级斗争、无产阶级专政都是“左”的东西。甚至还有一些无知的人说，马克思的理论之所以糟糕，主要是由于他发明了阶级和阶级斗争。因此，从理论上讲清楚阶级、国家与社会主义的关系，在今天就显得尤为重要。这对于保证中国特色社会主义的顺利、健康发展具有十分重要的意义。

一、马克思、恩格斯：共产主义第一阶段无阶级、无国家

在马克思、恩格斯那里，阶级是一个经济范畴，是指人们对生产资料的不同关系。只要存在着人们对生产资料的不同关系，就不能回避阶级。阶级是在生产力发展到一定阶段的产物。这里的意思是：在生产力有了一定的发展但又不够发达的情况下，就不能不存在阶级。阶级也是一个历史范畴。它不是从来就有的，历史上曾经有过不存在阶级的时候；阶级也不会永远存在下去，随着生产力的充分发展，阶级将最终走向消亡。今天一些人常常只讲

生产力的不发达，但是就是不谈阶级，或者故意把阶级说成是阶层，这在理论上是说不过去的。

在马克思、恩格斯看来，未来的共产主义社会（包括它的第一阶段）是无阶级的，而无阶级的社会在逻辑上也必然是无国家的。马克思、恩格斯关于未来共产主义社会无阶级、无国家的结论是同生产力的充分发展、社会所有制和消灭商品经济在逻辑上完全一致的。在1847年上半年写的《哲学的贫困》中，马克思指出："工人阶级解放的条件就是要消灭一切阶级……工人阶级在发展进程中将创造一个消除阶级和阶级对立的联合体来代替旧的资产阶级社会；从此再不会有任何原来意义的政权了。"①这就是说，在马、恩的设想中，从一开始，未来社会就是不存在阶级和国家的。在马克思起草的《共产主义者同盟章程》中，第一条就明确规定"同盟的目的：推翻资产阶级政权，建立无产阶级统治，消灭旧的以阶级对立为基础的资产阶级社会和建立没有阶级、没有私有制的新社会"②。在《共产党宣言》中，马克思、恩格斯指出："代替那存在着阶级和阶级对立的资产阶级旧社会的，将是这样一个联合体，在那里，每个人的自由发展是一切人的自由发展的条件。"③在《哥达纲领批判》中，马克思划分了共产主义社会的两阶段，并且明确提出共产主义社会第一阶段实行"按劳分配"、高级阶段实行"按需分配"，应该说，马克思在这里发展了他过去的未来社会理论；但是这种发展也绝没有达到否定社会所有制以及承认商品经济、阶级和国家的地步。相反，他认为"按劳分配"这种平等的权利按照原则仍然是资产阶级权利，但是"它不承认任何阶级差别，因为每个人

① 《马克思恩格斯全集》第4卷，北京：人民出版社，1965年版，第197页。
② 《马克思恩格斯全集》第4卷，北京：人民出版社，1965年版，第572页。
③ 《马克思恩格斯选集》第1卷，北京：人民出版社，1995年版，第294页。

都像其他人一样只是劳动者"①。这就是说,在共产主义社会第一阶段,尽管还存在着事实上的不平等,但阶级和阶级差别已经没有了,因为所谓阶级也就是劳动者与生产资料的不同关系;当生产资料已经实现社会共同所有的时候,劳动者在同生产资料的关系上已经没有任何区别,因此,尽管还有事实上的不平等,但阶级和阶级差别已经不存在了。在《反杜林论》中,恩格斯指出:"无产阶级将取得国家政权,并且首先把生产资料变为国家财产。但是这样一来,它就消灭了作为无产阶级的自身,消灭了一切阶级差别和阶级对立,也消灭了作为国家的国家……国家真正作为整个社会的代表所采取的第一个行动,即以社会的名义占有生产资料,同时也是它作为国家所采取的最后一个独立行动。"②有人以现实社会主义仍然存在阶级和国家为由否定马克思关于未来社会设想的科学性,其实,这完全是一种误解,马克思关于未来社会设想的科学性是不容置疑的。马克思关于未来社会的设想之所以是科学的,是因为他是站在整个人类彻底解放的高度来看问题的。在他看来,在仍然存在着生产资料的不同占有关系、仍然存在着阶级和国家的情况下来谈人类的彻底解放只能是一句空话。总之,在他们看来,社会主义社会是不存在阶级和国家的;相反,仍然存在着阶级和国家的社会就不是社会主义社会。

与社会主义社会不存在阶级和国家相联系,马克思、恩格斯并不否认过渡时期仍然存在阶级,并且进一步认为:过渡时期的历史任务正是要消灭阶级,以便最终过渡到社会主义。一旦阶级不存在了,过渡时期的历史任务也就完成了,人类社会也就进入了社会主义。不过在马、恩那里,过渡时期与无产阶级专政是

---

① 《马克思恩格斯选集》第3卷,北京:人民出版社,1995年版,第305页。
② 《马克思恩格斯选集》第3卷,北京:人民出版社,1995年版,第630-631页。

紧密联系在一起的。在 1850 年 3 月写的《1848 年至 1850 年的法兰西阶级斗争》中，马克思指出："无产阶级的阶级专政，这种专政是达到消灭一切阶级差别，达到消灭这些差别所由产生的一切生产关系，达到消灭和这些生产关系相适应的一切社会关系，达到改变由这些社会关系产生出来的一切观念的必然的过渡阶段。"①在这里，他把过渡时期无产阶级专政的任务明确地概括为"四个达到"。在 1852 年 3 月 5 日"致魏德迈的信"中，马克思说，无产阶级专政"不过是达到消灭一切阶级和进入无阶级社会的过渡"②。也就是说，在马克思、恩格斯看来：过渡时期就是实行无产阶级专政的时期，而无产阶级专政的时期必然只能是过渡时期而不是社会主义。

马、恩不仅认为过渡时期的历史任务就是消灭阶级，而且认为消灭阶级只能通过无产阶级专政。早在 1847 年的《共产主义者和卡尔·海因岑》一文中，恩格斯就指出："无产阶级的政治统治是实行一切共产主义措施的首要前提。"③在回击巴枯宁等无政府主义者对无产阶级专政的恶毒污蔑时，恩格斯严厉地指出："向工人鼓吹放弃政治，就等于把他们推入资产阶级政治的怀抱。"④"我们要消灭阶级。用什么手段才能达到这个目的呢？——无产阶级的政治统治。"⑤在他们看来，离开无产阶级专政去谈消灭阶级，不是别有用心，就是天真的幻想。那么，有人难免会提出这样的问题：马克思、恩格斯一直主张要消灭阶级、消灭国家，为什么又要强调建立无产阶级专政的国家呢？在马、恩看来，无产阶级革命的最终

① 《马克思恩格斯选集》第 1 卷，北京：人民出版社，1995 年版，第 462 页。
② 《马克思恩格斯选集》第 4 卷，北京：人民出版社，1995 年版，第 547 页。
③ 《马克思恩格斯全集》第 4 卷，北京：人民出版社，1965 年版，第 306 页。
④ 《马克思恩格斯全集》第 17 卷，北京：人民出版社，1963 年版，第 449 页。
⑤ 《马克思恩格斯全集》第 17 卷，北京：人民出版社，1963 年版，第 449 页。

目的是要消灭阶级，并进而消灭阶级统治的工具——国家，这是毫无疑义的。但是，它首先要通过实现社会变革，打碎资产阶级的国家机器，建立无产阶级专政，在消灭生产资料私有制和消灭阶级的基础上，实现国家的自行消亡。也就是说，在他们看来，过渡时期之所以需要无产阶级专政，一是因为过渡时期仍然存在着阶级斗争，无产阶级要剥夺剥夺者并且镇压他们的反抗，而剥削阶级是不会自动退出历史舞台的，他们必然要进行疯狂的反抗。马克思还以巴黎公社的经验教训为例指出：要是巴黎公社面对资产者没有运用武装人民这个权威，它能支持哪怕一天以上吗？难道我们没有理由责备公社把这个权威用的太少了吗？① 二是为了组织生产，为过渡到社会主义奠定必要的物质基础，因为“建立共产主义实质上具有经济的性质”②。

这里需要指出的是，无产阶级专政的理论是整个马克思主义理论的核心和灵魂，是检验真假马克思主义的试金石。正如列宁所指出的那样：“谁要是仅仅承认阶级斗争，那他还不是马克思主义者，他还可以不超出资产阶级思想和资产阶级政治的范围。只有承认阶级斗争、同时也承认无产阶级专政的人，才是马克思主义者。”③关于从资本主义向共产主义社会的过渡时期，马克思、恩格斯论述最多的就是无产阶级专政的问题。从某种程度上甚至可以说，马克思的过渡时期理论主要是关于无产阶级专政的理论。马克思把无产阶级专政看作自己对阶级和阶级斗争理论的主要贡献之一。

---

① 《马克思恩格斯选集》第 3 卷，北京：人民出版社，1995 年版，第 227 页。
② 《马克思恩格斯全集》第 3 卷，北京：人民出版社，1960 年版，第 79 页。
③ 《列宁选集》第 3 卷，北京：人民出版社，1995 年版，第 139 页。

二、列宁：无产阶级专政的前提和含义就是被抑制着的战争状态

在共产主义第一阶段无阶级、无国家的问题上，列宁与马克思、恩格斯的说法是完全一致的。1919 年 5 月《在全俄社会教育第一次代表大会上的讲话》中，列宁指出："我们要争取的平等就是消灭阶级。因此也要消灭工农之间的阶级差别……工农之间还有阶级差别的社会，既不是共产主义社会，也不是社会主义社会。"①他还指出："我们正在进行阶级斗争，我们的目的是消灭阶级。只要还存在着工人和农民，社会主义就还没有实现。"②1921 年 3 月 27 日，列宁《在全俄运输工人代表大会上的讲话》中指出："刚才我从你们的会场上走过时，看见这样一条标语：'工农王国万世长存'……我读了这条奇怪的标语，便想到，在我们这里连对这种最起码最基本的东西也存在着误解和不正确的认识。老实说，如果工农王国真的万世长存，那么也就永远不会有社会主义了，因为社会主义就是消灭阶级，而既然存在着工人和农民，也就存在着不同的阶级，因而也就不能有完全的社会主义。"③

在夺取政权以前，无产阶级要通过革命推翻资产阶级的统治，建立自己的政治统治，这无疑是阶级斗争；那么，在无产阶级夺取政权以后，在无产阶级成为统治阶级以后，应当如何对待阶级斗争呢？这是摆在列宁和布尔什维克党面前的新课题。应当说，马克思在《法兰西内战》中已经提出了无产阶级在夺取政权后如何对待阶级斗争的问题，但是，由于巴黎公社存在的时间短暂，这个问

① 《列宁全集》第 36 卷，北京：人民出版社，1985 年版，第 341 页。
② 《列宁全集》第 38 卷，北京：人民出版社，1986 年版，第 332 页。
③ 《列宁全集》第 41 卷，北京：人民出版社，1986 年版，第 121 页。

题在许多方面还有待于进一步深入研究。作为国际共运史上领导向社会主义过渡实践的第一人,列宁从俄国的实际出发,在总结实践经验的基础上,进一步丰富和发展了马克思关于过渡时期阶级斗争和无产阶级专政的理论。

在列宁看来,无产阶级专政的建立不是阶级斗争的结束。他具体分析了阶级斗争的经济根源,指出了苏维埃俄国当时存在的五种经济成分,即宗法式的,在很大程度上属于自然经济的农民经济;小商品生产(这里包括大多数出卖粮食的农民);私人资本主义;国家资本主义;社会主义。在这五种经济成分中,占优势的是小商品生产和小资产阶级自发势力。① 其中,资本主义、小商品生产和共产主义是社会经济的三种基本形式。由此产生的社会的基本力量就是资产阶级、小资产阶级(特别是农民)和无产阶级。无产阶级专政时代的俄国经济表现为如下双方的斗争,一方面是在一个大国的全国范围内按共产主义原则联合劳动的最初步骤,另一方面是小商品生产,是保留下来的以及在小商品生产基础上复活的资本主义。② 因此,列宁指出:"在资本主义和共产主义之间有一个过渡时期,这在理论上是毫无疑义的。这个过渡时期不能不兼有这两种社会经济结构的特点或特性。这个过渡时期不能不是衰亡着的资本主义与生长着的共产主义彼此斗争的时期,换句话说,就是已被打败但还未被消灭的资本主义和已经诞生但还非常幼弱的共产主义彼此斗争的时期。"③

列宁还进一步分析了无产阶级专政时代这三种社会基本阶级之间的关系所发生的变化。无产阶级在推翻资产阶级和夺取政权

---

① 《列宁全集》第 34 卷,北京:人民出版社,1985 年版,第 275 页。
② 《列宁全集》第 37 卷,北京:人民出版社,1986 年版,第 264 - 269 页。
③ 《列宁全集》第 37 卷,北京:人民出版社,1986 年版,第 263 页。

之后,成了统治阶级：它掌握着国家政权,支配着已经公有化的生产资料,领导着动摇不定的中间分子和中间阶级,镇压着剥削者的日益强烈的反抗。原来的剥削者阶级,即地主和资本家阶级,虽然已被击溃,可是还没有被消灭;他们还没有消失,也不可能一下子消失。他们还有国际的基础,即国际资本,他们是国际资本的一个分支。他们还保留着某些生产资料,还有金钱,还有广泛的社会联系。管理国家、军事和经济的"艺术",使他们具有很大很大的优势,所以他们的作用比他们在人口中所占的比重要大得多。正是由于他们遭到失败,他们反抗的劲头增长了千万倍。农民,和任何小资产阶级一样,在无产阶级专政下也处于中间的地位：一方面,他们作为劳动者,有摆脱地主和资本家压迫的共同利益的要求;另一方面,他们又是单独的小业主、小所有者、小商人,这样的经济地位决定了他们必然在无产阶级和资产阶级之间摇摆不定。由此列宁最后得出结论说："无产阶级推翻资产阶级就是朝着消灭阶级的方向迈进了最有决定意义的一步,而无产阶级要完成这一事业,就应当利用国家政权机关来继续进行阶级斗争,就应当对被推翻了的资产阶级和动摇不定的小资产阶级采用斗争、影响、诱导等不同的方法来继续进行阶级斗争。"①这就是说,在列宁看来,阶级斗争并没有因为无产阶级夺取政权而结束,因此那种认为无产阶级夺取政权后就万事大吉、安享太平的想法是完全错误的;无产阶级要完成自己的历史使命,就必须继续进行阶级斗争,直到消灭一切阶级。列宁的这些思想已为20世纪社会主义运动的实践所证明,难道苏东剧变还不正是由于无产阶级在夺取政权后放弃阶级斗争所导致的必然后果吗?苏联解体之后,美国原驻苏联大使马特洛克在《苏联解体亲历记》一书中,说到当年戈尔巴乔夫提出"新思

① 《列宁全集》第37卷,北京：人民出版社,1986年版,第277页。

维”，抛弃阶级斗争学说时指出：“需要出现转变，其中最重要的莫如马克思的阶级斗争学说。”“如果苏联领导人真的抛弃这个观点，那么，他们是否继续称他们的思想为‘马克思主义’也就无关紧要了，这已是一个别样社会里实行的别样的‘马克思主义’，这个别样的社会则是我们大家都可以接受的。”①

列宁不仅认为无产阶级专政的建立不是阶级斗争的结束，而且认为无产阶级专政是阶级斗争的新形式、阶级斗争在新形式下的继续。在列宁看来，阶级斗争的形式虽然发生了变化，但斗争的实质依然没有变。为了完全消灭阶级，不仅要推翻剥削者即地主和资本家，不仅要废除他们的所有制，而且要废除任何生产资料私有制，要消灭城乡之间、体力劳动者和脑力劳动者之间的差别。要使社会主义取得胜利，只打倒资本家是不够的，还必须消灭无产阶级与农民之间的差别。只要还存在着工人和农民，社会主义就还没有实现。他多次强调：无产阶级专政是阶级斗争的新形式；“在推翻资本权力以后，在破坏资产阶级国家以后，在建立无产阶级专政以后，阶级斗争并不是消失（如旧社会主义和旧社会民主党中的庸人所想象的那样），而只是改变它的形式，在许多方面变得更加残酷。”②无产阶级专政必须采取严酷无情和迅速坚决的暴力手段来镇压剥削者即资本家、地主及其走狗的反抗。谁不了解这一点，谁就不是革命者，就应该取消他的无产阶级领袖或顾问资格。但是，无产阶级专政的实质不仅在于暴力，而且主要不在于暴力。③

在《苏维埃政权的当前任务》中，列宁把无产阶级夺取政权后对苏维埃国家的管理，把“由继续剥夺资本家这个极简单的任务转

---

① [美]马特洛克：《苏联解体亲历记》（上），北京：世界知识出版社，1996 年版，第 169 页。

② 《列宁全集》第 36 卷，北京：人民出版社，1985 年版，第 376 页。

③ 《列宁全集》第 36 卷，北京：人民出版社，1985 年版，第 375 页。

到一个更复杂和更困难得多的任务，就是要造成使资产阶级既不能存在也不能再产生的条件”称为“同资产阶级斗争的新阶段”①；并且指出：“反对资产阶级的斗争的重心正在转移到组织这种计算和监督的工作上来”②。在《论无产阶级专政的小册子的提纲》中，列宁指出了在无产阶级专政的条件下无产阶级阶级斗争的五项（最主要的）新任务和五种相应的新形式：镇压剥削者的反抗、国内战争、“中立”小资产阶级特别是农民、“利用”资产阶级、培养新纪律。③

列宁还把新经济政策当作一种特殊形式的阶级斗争。在列宁看来，新经济政策是一种战略退却，是用迂回的办法夺取一些阵地，以便更有准备地再转入对资本主义的进攻。④ 这就同路标转换派所宣扬的新经济政策不是策略，而是演变、蜕变的论调划清了界限。他指出：无产阶级国家在不改变其本质的情况下，可以容许贸易自由和资本主义的发展，但只是在一定的限度内，而且要以国家调节（监察、监督、规定形式和规章等等）私营商业和私人资本主义为条件。但是也要看到，即使这种调节十分成功，劳资之间阶级利益的对立无疑还是存在的，因此，今后工作的最主要任务之一，就是全力维护无产阶级的阶级利益。⑤ 他还指出，这个新经济政策所采取的每一个步骤都包含着许许多多的危险，“租让也是一种斗争形式，是阶级斗争在另一种形式下的继续，而绝不是用阶级和平来代替阶级斗争”⑥。在他看来，完成军事任务毕竟要比完成

① 《列宁全集》第34卷，北京：人民出版社，1985年版，第155、157页。
② 《列宁全集》第34卷，北京：人民出版社，1985年版，第163页。
③ 《列宁全集》第37卷，北京：人民出版社，1986年版，第254－256页。
④ 《列宁全集》第42卷，北京：人民出版社，1987年版，第366页。
⑤ 《列宁全集》第42卷，北京：人民出版社，1987年版，第366页。
⑥ 《列宁全集》第41卷，北京：人民出版社，1986年版，第212－213页。

现在摆在我们面前的任务容易些。军事任务可以用猛攻、袭击和热情来完成,可以直接依靠看到地主正向自己进攻的广大工农拼体力来完成。现在没有公开的地主了。人民看不见从前的地主和资本家那样明显的敌人。“存在于我们中间的敌人就是无政府状态的资本主义和无政府状态的商品交换。必须清楚地了解斗争的这个实质,并且使广大工农群众清楚地了解斗争的这个实质:‘谁战胜谁?谁将取得胜利?’无产阶级专政是一场最残酷最激烈的斗争。”①列宁还指出:反对资本的斗争形式在不断变化,有时具有公开的国际性质,有时集中在一个国家。这些形式正在不断变化。不管在军事方面、经济方面或者在社会生活的其他方面,斗争都在继续进行。总之,在列宁看来:无产阶级通过暴力革命推翻资产阶级、夺取政权是阶级斗争;在无产阶级夺取政权以后,在工作重心发生变化的条件下,经济建设和管理国家仍然是阶级斗争。形式虽然发生了变化,但阶级斗争的实质没有变。组织经济建设和对国家的管理不过是阶级斗争的新形式,国家资本主义是对资本主义进行斗争即利用、限制和改造的有效形式,从全民的计算和监督到国家资本主义商品交换以及国家调节商品买卖和货币流通都是如此,无产阶级专政不过是阶级斗争在新形式下的继续。如果因为斗争的形式发生了变化,看不到过去的敌人了,就以为阶级斗争消失了,那将是十分危险的。

列宁不仅认为过渡时期阶级斗争没有结束,而且认为过渡时期将是阶级斗争最残酷、最尖锐的时期。列宁多次指出:“社会主义是不能‘实施’的;社会主义是在最激烈的、最尖锐的、你死我活的阶级斗争和内战的进程中成长起来的。”无产阶级“专政的前提和含意就是被抑制着的战争状态,就是对无产阶级政权的敌人采

---

① 《列宁全集》第42卷,北京:人民出版社,1987年版,第188页。

取军事斗争措施的状态"①。他指出：剥削者的反抗在他们被推翻之前就已开始，而由于他们被推翻则更加激烈起来。② 也就是说，在他看来，正是在资产阶级被推翻以后，阶级斗争才具有最尖锐的形式。资本主义并不会马上死亡，而且它愈是接近死亡，就愈是疯狂地进行反抗。无产阶级对资产阶级的镇压愈厉害，资产阶级的反抗就愈疯狂。

列宁还指出：过渡时期的阶级斗争之所以最残酷、最尖锐，这是因为"从资本主义过渡到共产主义是一整个历史时代。只要这个时代没有结束，剥削者就必然存着复辟希望，并把这种希望变为复辟尝试。被推翻的剥削者不曾料到自己会被推翻，他们不相信这一点，不愿想到这一点，所以他们在遭到第一次严重失败以后，就以十倍的努力、疯狂的热情、百倍的仇恨投入战斗，为恢复他们被夺去的'天堂'、为他们的家庭而斗争，他们的家庭从前过着那么甜蜜的生活，现在却被'平凡的贱民'弄得破产和贫困（或者只好从事'平凡的'劳动……）"③。

列宁还把是否承认过渡时期的阶级斗争和无产阶级专政看作马克思主义与机会主义在阶级和国家问题上的原则区别。他指出，以考茨基为代表的现代机会主义恰巧不把承认阶级斗争贯彻到最主要之点，贯彻到从资本主义向共产主义过渡的时期，贯彻到推翻资产阶级并完全消灭资产阶级的时期。实际上，这个时期必然是阶级斗争空前残酷、阶级斗争的形式空前尖锐的时期。因此，"谁要是仅仅承认阶级斗争，那他还不是马克思主义者，他还可以不超出资产阶级思想和资产阶级政治的范围。把马克思主义局限

① 《列宁全集》第33卷，北京：人民出版社，1985年版，第197页。
② 《列宁全集》第37卷，北京：人民出版社，1986年版，第433页。
③ 《列宁全集》第35卷，北京：人民出版社，1985年版，第255页。

于阶级斗争学说，就是阉割马克思主义，歪曲马克思主义，把马克思主义变为资产阶级可以接受的东西”。只有懂得一个阶级的专政不仅对一般阶级社会是必要的，不仅对推翻了资产阶级的无产阶级是必要的，而且对介于资本主义和‘无阶级社会’即共产主义之间的整整一个历史时期都是必要的，——只有懂得这一点的人，才算掌握了马克思国家学说的实质。“只有承认阶级斗争、同时承认无产阶级专政的人，才是马克思主义者。”①

三、斯大林、毛泽东在阶级和国家问题上的曲折探索

斯大林和毛泽东在过渡时期阶级与国家的问题上有对有错，对错交织在一起，错综复杂。他们既有淡化和否认阶级斗争的一面，又有阶级斗争扩大化的一面。他们的错误都同混淆过渡时期和共产主义社会第一阶段的界限有关。他们的正确之处在于始终没有放弃无产阶级专政。

他们都不否认过渡时期存在着阶级和阶级斗争。比如，斯大林在进入20世纪30年代以后，虽然认为苏联当时社会主义与资本主义“谁战胜谁”的问题“已经以社会主义的胜利而彻底地永远地解决了”②；但是，他还仍然承认剥削阶级的最后残余和阶级斗争存在的客观事实。他还指出，这种阶级斗争的形式，就是剥削阶级的残余分子进行各种暗害活动，特别是对国家和集体的财产进行盗窃侵吞。斯大林认为，这是阶级敌人试图动摇社会主义公有制的严重斗争，因此必须用坚强有力的无产阶级专政加以粉碎。③

① 《列宁全集》第31卷，北京：人民出版社，1985年版，第32－33页。

② 《苏联共产党和苏联政府经济问题决议汇编》第2卷，北京：中国人民大学出版社，1987年版，第406页。

③ 《斯大林全集》第13卷，北京：人民出版社，1956年版，第187－189页。

毛泽东把从新中国的成立到社会主义改造基本完成这段时间既叫作新民主主义又叫作过渡时期，并且指出："在打倒地主阶级和官僚资产阶级以后，中国内部的主要矛盾即是工人阶级与民族资产阶级的矛盾，故不应再将民族资产阶级称为中间阶级。"①

这里需要说明的是，他们认识到阶级斗争的客观存在，这是完全正确的；但问题是，他们都认为当时仍然处在过渡时期，尚未进入社会主义。而一旦当他们宣布已经进入社会主义，他们就改变了对阶级斗争的看法。

斯大林1936年宣布进入社会主义，同时指出当时苏联社会已经消灭了剥削阶级，只剩下工人阶级、农民阶级和知识分子。他不再提剥削阶级残余和阶级斗争问题。在他看来，消灭了剥削阶级也就是消灭了阶级。客观地说，在发达国家，如果消灭了剥削阶级，那么离消灭阶级也就不远了。阶级的实质是一种剥削关系，当发达国家的剥削阶级即资产阶级被消灭以后，所剩下的主要是工人阶级，因为其他的成分很少。因此，消灭了剥削阶级也就离消灭阶级不远了。但是，在落后国家，工人阶级只占少数，而占大多数的是农民，因此，消灭剥削阶级离消灭阶级还有很远的距离。在此之后，肃反斗争在苏联全国大规模地开展起来。在这种情况下，斯大林1937年在联共中央全会所作的《论党的工作缺点和消灭托洛茨基两面派及其他两面派的办法》的报告中，不得不重提苏联还有"被击溃了的阶级残余"和阶级斗争②；但是，斯大林却把苏联社会内部的阶级斗争硬说成是国外敌人对苏联剥削阶级残余直接支持的结果，说成主要是苏联人民同国外敌人的斗争。在1939年3月苏共第十八次代表大会的报告中，他就完全否定了阶级斗争的国

① 《毛泽东文集》第6卷，北京：人民出版社，1999年版，第231页。
② 《斯大林文集》（1934—1952），北京：人民出版社版，1985年版，第153页。

内根源,把1936年以后苏联发生过的阶级斗争,完全说成是苏联人民同外国敌对势力的斗争。他说:“与任何资本主义社会不同,现在的苏联社会的特点就在于,在苏联社会中再也没有对抗的敌对阶级了,剥削阶级已经消灭了,而构成苏联社会的工人、农民和知识分子是在友爱合作的基础上生活和工作的。”①在这次报告中,斯大林甚至把过去确认为阶级斗争的事实,也不再认为是阶级斗争了。如1933年1月他曾经把苏联阶级斗争的主要形式说成是阶级敌人对社会主义公有财产的盗窃侵吞;但是在1939年的报告中,他虽然提到苏联还有“盗贼和人民财富盗窃者”损害社会主义财产,然而又认为这些盗贼已不是需要镇压的人了。“国家保护社会主义财产免受盗贼和人民财富盗窃者损害的职能”②也不是无产阶级专政的镇压职能了。就是说,同盗窃社会主义财产行为的斗争已经不是阶级斗争了。在这个报告中,他甚至不顾1937年刚刚说过的苏联还有剥削阶级的最后残余的事实,认为到1936年“通过新宪法为止”,苏联已经消灭了剥削阶级的最后残余;并且进一步认为,无产阶级专政“在国内实行武力镇压的职能已经消失了,消亡了,因为剥削制度已被消灭,剥削者已不存在,再没有什么人需要镇压了”,无产阶级专政的矛头“已经不是针对国内,而是针对国外去对付外部敌人了”。③

和斯大林一样,毛泽东在社会主义改造基本完成之后,即1956年前后的一段时间,也曾对阶级斗争采取淡化甚至否定的态度。1956年,刘少奇在中共八大上作的政治报告指出:“我国社会主义和资本主义谁战胜谁的问题,现在已经解决了。”④中共八大

① 《斯大林文选》(上),北京:人民出版社,1962年版,第237页。
② 《斯大林选集》下卷,北京:人民出版社,1979年版,第470页。
③ 《斯大林选集》下卷,北京:人民出版社,1979年版,第470－471页。
④ 《毛泽东传》(1949—1976)(上),北京:中央文献出版社,2003年版,第531页。

闭幕会上一致通过的关于政治报告的决议指出："我们国内的主要矛盾,已经是人民对于建立先进的工业国的要求同落后的农业国的现实之间的矛盾,已经是人民对于经济文化迅速发展的需要同当前经济文化不能满足人民需要的状况之间的矛盾。这一矛盾的实质,在我国社会主义制度已经建立的情况下,也就是先进的社会主义制度同落后的社会生产力之间的矛盾。党和人民的当前的主要任务,就是要集中力量来解决这个矛盾,把我国尽快地从落后的农业国变为先进的工业国。"①对于这两个文件,毛泽东当时是同意的。虽然在中共八大闭幕两周之后毛泽东对中共八大决议中一句话的提法表示怀疑(即"这一矛盾的实质,在我国社会主义制度已经建立的情况下,也就是先进的社会主义制度同落后的社会生产力之间的矛盾"),但这时并未改变中共八大关于主要矛盾的论断;对中共八大主要矛盾的论断的改变是在1957年反右派运动以后的事。② 在这段时间,毛泽东一方面批评斯大林否认社会主义矛盾的存在的观点,如《关于无产阶级专政的历史经验》指出:否认矛盾存在,就是否认辩证法。社会主义社会的发展也是在生产力和生产关系的矛盾中进行的。即使到了共产主义社会,也不会是每个人都是完美无缺的。那个时候,人们本身也还将有自己的矛盾,还将有好人和坏人,还将有思想比较正确的人和思想比较不正确的人。③ 另一方面,他又批评斯大林抓阶级斗争。1956年9月18日,毛泽东会见以波立特为团长的英国共产党代表团时指出:"在斯大林时期,阶级没有了,社会已进入了没有阶级的社会,

① 《毛泽东传》(1949—1976)(上),北京:中央文献出版社,2003年版,第536页。
② 《毛泽东传》(1949—1976)(上),北京:中央文献出版社,2003年版,第537-538页。
③ 《毛泽东传》(1949—1976)(上),北京:中央文献出版社,2003年版,第504-505页。

反革命更少了,但是斯大林的思想仍停留在旧社会的时代。我认为这样才能够解释他的错误,即是认识的错误,认识不符合客观实际。”①同月22日,毛泽东在会见意大利共产党代表团时,对斯大林的错误根源作了更为透彻的分析。他说:“苏联在阶级消灭以后,当国家机构的职能丧失了十分之九时,当阶级斗争已经没有或已经很少的时候,仍找对象,大批捉人杀人,继续行使它们的职能。”“客观形势已经发展了,社会已从这一个阶段过渡到另一个阶段,这时阶级斗争已经完结,人民已经用和平的方法来保护生产力,而不是通过阶级斗争来解放生产力的时候,但是在思想上却没有认识这一点,还要继续进行阶级斗争,这就是错误的根源。”②

斯大林和毛泽东淡化甚至否认阶级斗争,其根本原因就在于混淆过渡时期和共产主义社会第一阶段(即社会主义)的界限,在刚刚消灭了剥削阶级、尚未消灭阶级的情况下就提前宣布进入了社会主义。在他们看来,既然已经进入社会主义,那么继续承认阶级斗争的存在就不符合马克思主义。因此,为了坚持马克思主义,只好说已经消灭了阶级。由于历史的局限性,他们当时尚未认识到,他们所说的社会主义还不是马克思所说的社会主义,而只是处在马克思所说的过渡时期。

淡化和否认阶级斗争是一个方面,夸大阶级斗争是又一个方面。前面说过,斯大林不承认在进入社会主义之后仍然存在阶级斗争,把国内明摆着的阶级斗争也竭力说成是国外敌人对苏联剥削阶级残余直接支持的结果,说成主要是苏联人民同国外敌人的斗争。这就为苏联国内20世纪30年代的肃反扩大化提供了理论

① 《毛泽东传》(1949—1976)(上),北京:中央文献出版社,2003年版,第538–539页。

② 《毛泽东传》(1949—1976)(上),北京:中央文献出版社,2003年版,第539页。

依据。在肃反斗争中,斯大林不但极端地夸大苏联反革命活动遍及全国上下和直接受到外国敌对势力的支持,而且认为这种反对苏维埃政权的斗争必然会随着社会主义事业的发展而日益尖锐化。1937 年他指出:“我们的进展愈大,胜利愈多,被击溃了的剥削阶级残余也会愈加凶恶,他们愈要采用更尖锐的斗争形式,他们愈要危害苏维埃国家,他们愈要抓紧最绝望的斗争手段来作最后的挣扎。”[①]

毛泽东从波匈事件后开始关注阶级斗争逐渐发展到阶级斗争扩大化。1956 年波匈事件后,毛泽东认为东欧一些国家的基本问题就是阶级斗争没有搞好。1956 年 12 月 4 日,毛泽东在给黄炎培的信中说,我们国家内部的阶级矛盾已经基本上解决了,即是说还没有完全解决,表现在意识形态方面的,还将在一个长时期内存在。另外,还有少数特务分子也将在一个长时间内存在。[②] 在《1957 年夏季的形势》中,毛泽东强调光有经济战线的革命是不够的,还要有政治战线上和思想战线上的彻底的社会主义革命。[③] 1957 年 9 月 19 日,在中共八届三中全会前夕的政治局扩大会议上,毛泽东改变了关于主要矛盾的看法,“过渡时期”的含义也发生了变化。他指出:“整个过渡时期,总的矛盾是社会主义与资本主义,即工人阶级与资产阶级的矛盾。我们过去一个时期,主要是提人民内部矛盾,敌我矛盾没有提……现在看来,两个矛盾都同时存在。去年所有制是改变了,但人并没有改造。工人阶级与资产阶级的矛盾、社会主义与资本主义的矛盾是整个过渡时期的主要矛盾。”这是毛泽东在社会主义改造基本完成以后,第一次谈过渡

---

① 《斯大林文选》(上),北京:人民出版社,1962 年版,第 129 页。

② 《毛泽东传》(1949—1976)(上),北京:中央文献出版社,2003 年版,第 615 页。

③ 《毛泽东传》(1949—1976)(上),北京:中央文献出版社,2003 年版,第 714 页。

时期的主要矛盾问题。[①] 从此"过渡时期"的含义由"小过渡"变为"大过渡"("小过渡"是指在尚未消灭阶级的条件下就提前宣布进入社会主义,实际上缩短了过渡时期;"大过渡"是指把过渡时期说成不是向共产主义第一阶段过渡,而是向共产主义高级阶段过渡,实际上把共产主义第一阶段也划入了过渡时期,是被加长了的过渡时期)。1962 年 8 月 13 日,在北戴河中央工作会议期间,毛泽东提出中国会不会出修正主义的问题。[②] 毛泽东关于社会主义社会阶级和阶级斗争的理论,比较集中地反映在中共八届十中全会的公报中,公报指出:"在无产阶级革命和无产阶级专政的整个历史时期,在由资本主义过渡到共产主义的整个历史时期(这个时期需要几十年,甚至更多的时间)存在着无产阶级和资产阶级之间的阶级斗争,存在着社会主义和资本主义这两条道路的斗争……"[③]这段话基本上形成后来被称之为党在社会主义整个历史时期总路线的完整表述。1964 年 7 月 14 日公开发表的"九评"指出:"社会主义社会是一个很长很长的历史阶段。在这个历史阶段中,贯穿着资产阶级和无产阶级的阶级斗争,存在着资本主义和社会主义两条道路'谁战胜谁'的问题,存在着资本主义复辟的危险性。"[④]1967 年纪念十月革命 50 周年的编辑部文章《沿着十月社会主义革命开辟的道路前进》发表,把"无产阶级专政下继续革命的理论"的要点概括为六条,其中指出:"社会主义社会是一个相当长的历史阶段。在社会主义这个历史阶段中,还存在着阶级、阶级矛盾和阶级斗争,存在着社会主义同资本主义两条道路的斗

---

① 《毛泽东传》(1949—1976)(上),北京:中央文献出版社,2003 年版,第 717 – 718 页。

② 《毛泽东传》(1949—1976)(下),北京:中央文献出版社,2003 年版,第 1246 页。

③ 《毛泽东传》(1949—1976)(下),北京:中央文献出版社,2003 年版,第 1260 页。

④ 《毛泽东传》(1949—1976)(下),北京:中央文献出版社,2003 年版,第 1302 页。

争，存在着资本主义复辟的危险性。”①

斯大林以来的现实社会主义是远未完成马克思说的过渡时期历史任务的社会主义，在这样的阶段仍然存在着阶级和阶级斗争，这在马克思看来是原本不需要证明的。因此，说阶级斗争没有了，社会主义与资本主义谁胜谁负的问题已经解决了，这是不符合客观实际的；因此从否认阶级斗争到承认阶级斗争是一个进步。但是从一个极端走到另一个极端，搞阶级斗争扩大化也是错误的。在无产阶级已经夺取政权、共产党已经成为执政党的条件下，仍然沿用过去革命战争年代那种大规模群众运动的方式搞阶级斗争显然是不行的。列宁在十月革命后曾经对此有所探索，提出在对资本主义进行利用的同时采取限制、改造的斗争新方式。可惜这些思想后来并没有引起重视。斯大林和毛泽东在阶级斗争问题上的经验教训说明，在不具备条件的情况下就提前宣布进入社会主义，混淆过渡时期与共产主义第一阶段（即社会主义社会）的界限，后果十分严重：或者是在阶级斗争熄灭论思想的指导下，对现实客观存在和可能发生的阶级斗争失去应有的警觉；或者使人们看到阶级斗争的事实后又盲目夸大其性质和规模，导致阶级斗争扩大化。

这里需要指出的是，斯大林和毛泽东尽管在阶级斗争问题上左右摇摆，但在坚持无产阶级专政这一点上却是始终如一的。前面已经提到，斯大林在 1939 年苏共党的第十八次代表大会的报告中指出：在国内实行武力镇压的职能已经消失了，消亡了，因为剥削制度已被消灭，剥削者已不存在，再没有什么人需要镇压了。但是，当有人问道：“我们这里的剥削阶级已被消灭了，国内已不再有敌对阶级了，没有什么人可以镇压了，这就是说，国家已不再需

① 《毛泽东传》（1949—1976）（下），北京：中央文献出版社，2003 年版，第 1510 页。

要了,国家应当消亡才是,那么为什么我们不促使我们的社会主义国家消亡呢?为什么我们不努力取消国家呢?难道现在还不是把这全部国家废物完全抛掉的时候吗?”或者还有人这样问道:“我们这里的剥削阶级已被消灭,社会主义已经基本上建立起来,我们正向共产主义前进,而马克思主义关于国家的学说认为,在共产主义制度下不应当有任何国家,那么为什么我们不促使我们的社会主义国家消亡呢?难道现在还不是把国家送进古物陈列馆的时候吗?”①针对这些问题,斯大林指出:发问的人是非常认真地熟读了马克思和恩格斯关于国家学说的个别原理。但是,这些同志“并没有系统了解这一学说的实质,并没有弄清这一学说的个别原理究竟是在什么样的历史条件下制定的,尤其是不了解当前的国际环境,他们忽视了资本主义的包围和由此产生的对社会主义国家的种种危险的事实。从这些问题中,不仅可以看出他们低估了资本主义包围的事实,而且还可以看出他们低估了资产阶级国家及其机关派遣间谍、杀人凶手和暗害分子到我们国家里来、并力图寻找时机对我国实行武装侵犯的作用和意义;从这些问题中,同样可以看出他们也低估了我们的社会主义国家及其军事机关、惩罚机关和侦查机关是保卫社会主义国家免受外来侵犯所必需的那种作用和意义”②。

表面上看,这些同志的疑问没有错,既然说已经进入了社会主义,那么按照马克思的学说,当然是不应该再有国家了;斯大林的回答也并非没有道理,因为苏联的社会主义是一国范围内的。但是,他们的一个共同错误就在于,他们所说的社会主义还不是马克思的共产主义第一阶段(即列宁所说的社会主义),而是仍然处在

① 《斯大林选集》下卷,北京:人民出版社,1979年版,第464页。
② 《斯大林选集》下卷,北京:人民出版社,1979年版,第464-465页。

马克思所说的过渡时期的初期。因此,在当时继续坚持无产阶级专政是对的;否则,在明摆着的阶级斗争面前取消无产阶级专政的国家,这无异于自取灭亡。但是究竟为什么还要继续坚持无产阶级专政,斯大林在混淆了过渡时期与共产主义第一阶段界限的情况下是不可能再说清楚的。

斯大林和毛泽东提前宣布进入了社会主义,尽管他们在阶级斗争的问题上有偏差,但他们始终坚持无产阶级专政,这说明他们仍然是在马克思主义的逻辑范围之内来谈马克思主义的。与斯大林和毛泽东相反,赫鲁晓夫则认为,既然已经进入社会主义,那就不应当再有阶级和国家,他竭力鼓吹"和平共处"、"和平竞赛"、"和平过渡",大搞"全民国家"、"全民党",即所谓"三和两全",这就彻底滑入修正主义的泥坑里去了。

四、现阶段的阶级与国家

20 世纪斯大林以来的社会主义在实践中既取得了前所未有的辉煌成绩,也走过一些弯路,改革便由此而生。改革是社会主义制度的自我完善和发展,20 世纪 70 ~ 80 年代以来的中国改革,由过去的"急躁""冒进"和直接过渡逐步转到"迂回过渡"和利用资本主义,这是完全符合我国国情的,无疑是正确的。因为中国的"社会主义初级阶段"实际上只是处在马克思所说的过渡时期的初级阶段,过渡时期的初级阶段实际上也就是列宁新经济政策时期所说的利用资本主义阶段。

20 世纪的社会主义实践证明,无产阶级在夺取政权后,社会主义与资本主义之间的矛盾将长期存在。斯大林和苏联共产党在 1932 年就曾认为,苏联当时社会主义与资本主义"谁战胜谁"的问题“已经以社会主义的胜利而彻底地永远地解决了”①。毛泽东在1957年视察外地时也曾经指出：社会主义与资本主义谁胜谁负的问题，基本上分了胜负了，但还没有最后胜利，大规模的阶级斗争基本结束了，但阶级斗争并没有结束；在意识形态领域，阶级斗争将长期存在；意识形态领域谁胜谁负的问题还没有解决，还需要相当长的时间才能解决。② 现在看来，这些估计都未免过于乐观了。社会主义与资本主义谁胜谁负的问题，并不取决于生产关系的简单变革。如果有人宣布现在已经进入共产主义社会高级阶段，社会主义与资本主义谁胜谁负的问题照样没有解决，阶级斗争也将依然存在。

如果说斯大林、毛泽东时代不该否认阶级和阶级斗争，那么现阶段就更不应该否认这个问题了。因为在斯大林、毛泽东时代，尽管仍然处在过渡时期，尽管仍然存在着阶级，尽管存在脱离生产力的实际水平简单推进生产关系变革的失误，但毕竟已经消灭了剥削阶级。而现在情况却大不相同了，经过三十多年的改革，我国的所有制结构早已不是两种公有制并存的局面了，而是公有制为主体、多种所有制经济成分并存，非公有制经济已经成为社会主义市场经济的重要组成部分。非公有制经济、商品货币关系是不可能不生长资本主义的。列宁在新经济政策期间曾经反复强调：新经济政策所造成的情况，如小型商业企业的发展、国营企业的出租等，都意味着资本主义关系的发展，看不到这一点，那就是完全丧失了清醒的头脑。不言而喻，资本主义关系的加强，其本身就是危险性的增强……这个新经济政策所采取的每一个步骤都包含着许

① 《苏联共产党和苏联政府经济问题决议汇编》（第2卷），北京：中国人民大学出版社，1987年版，第406页。

② 《毛泽东传》（1949—1976）（上），北京：中央文献出版社，2003年版，第645－646页。

许多多的危险。[1] 而更值得注意的是：非公有制经济的存在和发展不能不产生劳资矛盾和剥削关系。这就是说，在我国现阶段，不仅存在着阶级，而且还存在着剥削。社会主义与资本主义的矛盾不仅没有完全解决，而且也不是已经基本解决，而是远远没有解决。撇开当时的说法是否正确，如果说在1957年的中国果真像毛泽东所说的那样，阶级斗争还存在于意识形态领域；那么，今天的阶级斗争就绝不是只存在于意识形态领域，而是还同时更广泛地存在于经济领域和政治领域。辽宁贿选案不就是资本夺权的一种形式吗？

但是，现实生活中却存在着种种与客观实际的要求不相符合、甚至相违背的做法。2014年9月，中国社会科学院院长王伟光在《红旗文稿》发表了一篇《坚持人民民主专政，并不输理》[2]的论文，引起一场激烈的学术争论。应该说，这是一篇坚持马克思主义基本原理的好文章，文中提到，现阶段国内国外仍然存在一定范围内的阶级斗争。出乎意料的是，却引起一些人的肆意攻击和谩骂，有的甚至给作者戴大帽子"文革复辟"，等等。其实，中华人民共和国的宪法和中国共产党的党章从来都没有否认过现阶段一定范围内阶级斗争的客观存在，只是说过去战争年代那种急风暴雨式的大规模的阶级斗争已经结束了，在剥削阶级作为阶级消灭以后，阶级斗争已经不是主要矛盾。在这个问题上，我们既要反对阶级斗争扩大化，又要反对阶级斗争熄灭论。当然，在这场争论中，许多坚持马克思主义的学者站出来支持王伟光的正确立场。借批判"文革"来否认阶级、阶级矛盾和阶级斗争的客观存在，已成为这些年来一种普遍现象。这反映了一部分人在阶级斗争问题上的认

---

① 《列宁全集》第42卷，北京：人民出版社，1979年版，第231页。

② 王伟光：《坚持人民民主专政，并不输理》，载《红旗文稿》2014年第9期。

识误区。其实，承认阶级斗争的客观存在与阶级斗争扩大化完全是两回事。

本来仍然处在过渡时期，应该重视阶级斗争问题，却非要说已经进入了社会主义，重视阶级斗争就没有了理论依据；本来由于改革开放、利用资本主义，危险性较之于三十多年以前是大大增加了，更应该重视阶级斗争问题，但由于过去阶级斗争扩大化的错误，从一个极端走到另一个极端，人们对阶级斗争讳莫如深、避而不谈；本来现阶段应不应该利用非公有制经济成分和商品货币关系是一回事，而非公有制成分是不是社会主义的、多种经济成分基础上的商品经济会不会导致资本主义则是另一回事，但现实实践中一些人却非要从理论上改变非公有制成分的性质，非要淡化商品经济的危险性，这样再要对其进行斗争就没有了理论依据。这样就使阶级斗争在本来应该得到重视的时候反而被淡化和削弱了。

现在我们的经济政策已经落实在过渡时期初级阶段的生产力水平上；但是，我们在政治上、在阶级斗争以及社会主义与资本主义之间的矛盾问题上的政策却仍然停留在社会主义。正确的态度是对资本主义既要大胆利用，又要对其进行坚决斗争；既要反对只斗争、不利用的“左”的倾向，又要反对只利用、不斗争的右的倾向。实践已经证明，这两种错误倾向都是极其有害的。阶级斗争观点和阶级分析方法是马克思唯物史观的基本内容。阶级斗争是一门科学，要求把它当作科学来看待。对于“阶级斗争”这个词要作科学的理解，阶级斗争这个词中的“斗争”是一个哲学术语，只要有差异、有差别、有矛盾，就有斗争。把流血斗争看作是阶级斗争的唯一形式，因而把流血冲突的终止看作全部阶级斗争的终止，这是十分荒谬的；同样的道理，也不要一提阶级斗争，就认为只有大规模的群众运动这一种形式，这恰恰是某些同志的思维仍然停留在过去的表现。比如,在现阶段,在利用资本主义的同时对其采取监督和限制的措施,把资本主义纳入国家资本主义轨道,这本身就是社会主义对资本主义的斗争。当然如何监督和限制,具体形式还是需要进一步研究的。毛泽东在我国社会主义改造时期就曾把国家资本主义当作社会主义改造的一种形式,这就启发我们,社会主义改造不是只有剥夺和消灭这一种形式,把资本主义纳入国家资本主义轨道也是改造。再比如,做大做强国有企业,发展和壮大社会主义经济本身,也是一种社会主义对资本主义的斗争形式。

总之,正如保罗·斯威齐和夏尔·贝特兰所说:过渡时期是一条双行道①,它既可以通往社会主义,也可以通往资本主义。而在我看来,还需要补充一句,那就是:不加限制的非公有制经济和商品货币关系就只能通往资本主义。

① [美]保罗·斯威齐、[法]夏尔·贝特兰:《论向社会主义过渡》,尚政译,郑文华、马清槐校,北京:商务印书馆,1975 年版,第 80、34－35 页。

第六章

重新解读列宁的新经济政策

列宁的新经济政策对我国的改革开放具有重要的方法论指导意义。鉴于长期以来在我们的理解和宣传中对列宁的新经济政策存在着相当严重的误读现象,我以为很有必要将列宁新经济政策的研究进一步引向深入,并重新作出解读。这不仅是恢复列宁新经济政策的本来面目、坚持马克思列宁主义的需要,也是促进我国改革开放和社会主义现代化建设事业健康发展的需要。

一、新经济政策的历史地位

长期以来,不少同志把列宁的新经济政策当作社会主义的政策。这既不符合历史实际,也不符合列宁的本意。这种看法的错误就在于:一方面,它混淆了马克思主义关于过渡时期和共产主义社会第一阶段的界限,把过渡时期笼统地划归社会主义时期,似乎无产阶级一经夺取政权,无需经过过渡时期,就可以直接进入社会主义社会;另一方面,这也同没有能够具体地分析和把握列宁在不同场合所使用的“社会主义”、“共产主义”这两个词的确切含义有关。

（一）在资本主义和共产主义社会第一阶段之间必然存在一个过渡时期，这是马克思主义的一个基本原理和起码常识

从19世纪40年代末期开始，马克思、恩格斯就提出了在资本主义社会和共产主义社会（这时还没有为共产主义划分阶段）之间存在着一个过渡时期的设想。在《共产主义信条草案》中，恩格斯第一次提到“过渡时期”的概念，认为从私有制的目前状况到财产公有社会有一个“过渡时期”。1852年，马克思在给安年柯夫的信中，通过总结1848年革命的经验教训，第一次明确地将“过渡时期”与无产阶级专政联系起来。后来，马克思在《1848年至1850年的法兰西阶级斗争》《法兰西内战》中，恩格斯在《流亡者文献》等著作中，对这个问题都有论述。在1875年《哥达纲领批判》中，马克思进一步明确指出，“在资本主义社会和共产主义社会之间，有一个从前者变为后者的革命转变时期。同这个时期相适应的也有一个政治上的过渡时期，这个时期的国家只能是无产阶级的革命专政”①。与此同时，在这部著作中，他还根据经济成熟程度的不同，把未来的共产主义社会区分为“第一阶段”和“高级阶段”。这一方面说明，过渡时期的思想是马克思、恩格斯的一贯思想；另一方面也说明，从资本主义向共产主义过渡，实际上就是指从资本主义向共产主义社会第一阶段过渡。这是毋庸置疑的。但是《哥达纲领批判》提出和阐述这个问题时与以往相比存在着一些区别。明确指出这种区别的不是别人，正是列宁。他在《国家与革命》中写道：“从前，问题的提法是这样的：无产阶级为了求得自身的解放，应当推翻资产阶级，夺取政权，建立自己的革命专政。现在，问题的提法已经有些不同了：从向着共产主义发展的资本主义社会过渡到共产主义社会，非经过一个‘政治上的过渡时期’不可，而

① 《马克思恩格斯选集》第3卷，北京：人民出版社，1995年版，第314页。

这个时期的国家只能是无产阶级的革命专政。”①这说明，关于马克思主义的过渡时期思想，列宁不仅仅是一般的了解，而且还作过相当深入的研究。他是绝不可能认为俄国的无产阶级一经夺取政权就可以立即进入社会主义社会的。且不说列宁对俄国小农经济占优势的基本国情还有着相当深刻的了解。

斯大林是在 1936 年全苏苏维埃第八次非常代表大会上所作的《关于苏联宪法草案》的报告中宣布苏联进入社会主义的。从 1917 年到 1936 年，这中间经过了整整 19 年的时间。斯大林是否过早地宣布苏联进入了社会主义社会，这是可以讨论的。但仅就斯大林宣布苏联进入社会主义的时间来看，关于马克思、恩格斯的过渡时期理论，不仅列宁，而且斯大林也是十分清楚的。那么，1917 年至 1936 年之间的这 19 年能属于社会主义时期吗？当然不能。这 19 年都属于过渡时期，这也是毋庸置疑的。列宁的新经济政策是在 1921 年 3 月的俄共（布）十大上提出来的，因此，新经济政策是从资本主义向社会主义过渡的政策，而不是社会主义社会的政策，这是显而易见的。把新经济政策当作列宁社会主义社会的政策，这是不符合历史实际的。

（二）一些同志之所以把列宁的新经济政策当作社会主义社会的政策，也与没能具体地分析和把握列宁在不同场合使用的“社会主义”和“共产主义”这两个词的确切含义有关

列宁的确曾把马克思讲的“共产主义社会第一阶段”称为“社会主义”，而把“高级阶段”称为“共产主义”。人们往往据此认为，列宁的“社会主义”一定是指“共产主义社会第一阶段”，“共产主义”也一定是指“共产主义社会高级阶段”。其实不然，列宁对这两个词的使用是相当灵活的。我们只有作具体的分析才能正确地

① 《列宁选集》第 3 卷，北京：人民出版社，1995 年版，第 188 页。

理解和把握。

1. 有时“社会主义”一词就不是指“第一阶段”，而是指“社会主义改造”；“共产主义”一词也不是指“高级阶段”，而是指“第一阶段”。比如：

“在目前只是采取最初步骤从资本主义向共产主义过渡的时候……在一定的时间内仍要给专家们较高的报酬……”①

“为了作好向共产主义过渡的准备（通过多年的工作来准备），需要经过国家资本主义和社会主义这些过渡阶段。不能直接凭热情，而要借助于伟大革命所产生的热情，靠个人利益，靠同个人利益的结合，靠经济核算，在这个小农国家里先建立起牢固的桥梁，通过国家资本主义走向社会主义；否则你们就不能达到共产主义，否则你们就不能把千百万人引导到共产主义。”②

在这两段话中，所谓“向共产主义过渡”，实际上仍然是向共产主义社会第一阶段即社会主义过渡；所谓“达到共产主义”，仍然是指达到共产主义社会第一阶段即社会主义；所谓“经过国家资本主义和社会主义这些过渡阶段”，实际上是指经过国家资本主义和社会主义改造这些过渡阶段；所谓“通过国家资本主义走向社会主义”，实际上是指先实行国家资本主义政策，然后再实行社会主义改造政策。

2. 诚然，列宁在实行新经济政策的过程中有时也使用“社会主义建设”或“建设社会主义”这样的字眼。如下面几段话：

“我们现在正用‘新经济政策’来纠正我们的许多错误，我们正在学习怎样在一个小农国家里进一步建设社会主义大厦而不犯

---

① 《列宁选集》第3卷，北京：人民出版社，1995年版，第727－728页。
② 《列宁选集》第4卷，北京：人民出版社，1995年版，第570页。

这些错误。”①

“那个报告估计到了国家资本主义在一个农民国家的社会主义建设中的作用……”②“这种一致表明，通过新的途径来建设社会主义经济已经绝对必要了。”③

但是，这里的“社会主义建设”或“建设社会主义”只能理解为为未来的社会主义作准备、奠定基础，而决不能理解为新经济政策就是社会主义社会的政策。而事实上，列宁更多使用的则是“过渡”一词。只要翻一下列宁有关新经济政策的论著，这一点是不难理解的。

列宁本人也许早已预料到会有人曲解他关于“社会主义”一词的真正含义，因此早在《论粮食税》中，他就十分明确地指出：“看来，也没有一个共产主义者否认过‘社会主义苏维埃共和国’这个名称是表明苏维埃政权有决心实现向社会主义的过渡，而绝不是表明现在的经济制度就是社会主义制度。”④

二、列宁对落后国家过渡道路的曲折探索

马克思、恩格斯对资本主义的研究和分析主要采用了典型分析的方法，因此，他们过渡时期的理论也是以发达资本主义为起点的。他们曾经设想，在资本主义比较发达的国家，无产阶级一旦夺取政权，上升为统治阶级，争得民主，就可以立即采取措施，一步一步地夺取资产阶级的全部资本，把一切生产工具集中在国家即组织成为统治阶级的无产阶级手里，直接过渡到社会主义。在《共产

① 《列宁选集》第4卷，北京：人民出版社，1995年版，第569页。
② 《列宁选集》第4卷，北京：人民出版社，1995年版，第574页。
③ 《列宁选集》第4卷，北京：人民出版社，1995年版，第660页。
④ 《列宁选集》第4卷，北京：人民出版社，1995年版，第490页。

党宣言》中，他们还专门列举了十条具体的过渡措施。

但是，社会主义革命的胜利并没有发生在资本主义发达的欧洲，而是首先发生在经济文化比较落后的俄国。经济文化相对落后国家的无产阶级在夺取政权后如何向社会主义过渡，这在马克思主义创始人那里找不到现成的答案。

列宁和布尔什维克党在十月革命胜利后为探索俄国向社会主义过渡的道路付出了艰辛的努力。起初列宁也打算采取措施实行直接过渡；只是在直接过渡的措施碰壁后，才转而实行新经济政策。列宁的过渡思想大致经历了三个时期：

（一）1918 年春的最初过渡构想

十月革命后，布列斯特和约的签订使苏维埃政权获得了一个短暂的喘息时机。列宁适时地把党和国家的工作重心转移到经济建设上，并对俄国向社会主义过渡作了初步的规划。其总体思路是：首先恢复和发展大工业，为社会主义奠定物质基础；把资本主义，特别是小商品生产纳入国家资本主义轨道，限制并逐步取消私人贸易，在发展工业的基础上建立由国家控制的工农业产品的直接交换体系；同时引导小农实现共耕制（即农业公社、共耕社和劳动组合，通称集体农庄）；并最终实现全部国民经济由国家实行统一计划、统一领导的"大工厂"的设想。因此，从总体思路看，这个规划是"直接过渡"的规划。① 列宁虽然也估计到了从一个小农国家过渡到社会主义的困难，因而提出利用国家资本主义这一中间环节逐步改造旧的经济关系，并在此基础上提出了一系列比较谨慎和渐进的政策措施；但正如他在莫斯科第七次党代表会议上关于新经济政策的报告中所回忆的那样：当时"我们多半（我甚至不

① 中国人民大学马列主义发展史研究所：《马克思主义史》第 3 卷，北京：人民出版社，1996 年版，第 48－52 页。

记得有什么例外）都是从直接过渡到社会主义建设这种设想出发的，这种设想也许不是每次都公开讲出来，但始终是心照不宣的”。“当1918年春我们同一部分曾反对签订布列斯特和约的同志论战而提出国家资本主义问题时，并没有说我们要退到国家资本主义上去，而是说我们俄国如果有国家资本主义作为占统治地位的经济制度，那我们的处境就会好一些，我们完成社会主义的任务就会快一些。”①

（二）“战时共产主义”政策

列宁1918年春提出的向社会主义过渡的规划，随着国内战争的爆发和大规模的外国武装干涉而停止。一些原来企图通过渐进的形式逐步改造旧经济的比较谨慎的政策措施，很快被更加激烈的战时共产主义政策所代替。

列宁及苏维埃政权放弃1918年春的过渡计划，转而实行激烈的战时共产主义政策，既有客观方面的原因，也有主观方面的原因。客观方面的原因就是大规模战争的爆发，苏维埃共和国处于极其危急的状态中。帝国主义和国内反动势力在企图用武力推翻苏维埃政权的同时，还企图用“饥饿的枯瘦之手”将苏维埃政权扼杀，粮食问题已成为苏维埃政权生死攸关的问题。正是在这种情况下，列宁提出用一切办法征集粮食和工业燃料，以挽救革命，挽救苏维埃政权。

但是，战时共产主义政策的实行并不完全是由于战争环境所迫，列宁及其他布尔什维克领导人当时主观上的“直接过渡”思想也是一个重要原因。系统阅读列宁这个时期的著作，我们就会发现，列宁在谈到战时共产主义政策时，有时讲它的被迫性，强调实行这种政策是客观条件所迫；有时又讲这些政策本身是社会主义

① 《列宁选集》第4卷，北京：人民出版社，1995年版，第596、598页。

的或向社会主义过渡的政策。就是说,列宁在这个时期并不认为战时共产主义是不正常条件下的经济政策,不认为这是一种临时性的、越出常规的政策,而认为这是社会主义的或是向社会主义过渡的政策。可见,列宁和当时布尔什维克的其他领导人主观上是想趁热打铁,就势利用战时共产主义这种激进的、也是更简捷的办法改造城乡经济,实现社会主义。① 因此,可以说,战时共产主义政策是1918年春"直接过渡"思想的继续和发展,是"直接过渡"思想在战争这种特殊条件下的表现。

(三) 新经济政策

以1921年3月俄共(布)十大为标志,苏维埃俄国由战时共产主义政策转向了新经济政策。新经济政策包括两次退却:一次是1921年春由战时共产主义退到国家资本主义;一次是1921年秋由国家资本主义退到国家调节商业和货币流通。

是什么原因促使列宁实行了这一重大的政策转变呢?就客观方面来看,战后苏维埃政权继续战时共产主义政策引发了空前严重的经济和政治危机:农民难以忍受余粮征集制的沉重负担,产生了严重不满;大批工人由于饥饿和工厂停工而纷纷从城市逃往乡下,成为"背口袋的人"(搞粮食投机的人);1921年3月还发生了喀琅施塔得水兵和农民的暴动。列宁认识到,如不改变政策将失去广大工农群众,丢掉阶级基础。但是,只认识到这一点,还不足以从根本上改变过去的经济政策。这里起关键作用的是列宁和布尔什维克其他领导人指导思想上的根本转变。列宁在对战时共产主义政策进行深刻反思的基础上,认识到小农经济占优势的俄国不能直接过渡到社会主义,而只能采取"迂回过渡"的办法。

① 中国人民大学马列主义发展史研究所:《马克思主义史》第3卷,北京:人民出版社,1996年版,第52-57页。

"我们计划(说我们计划欠周地设想也许较确切)用无产阶级国家直接下命令的办法在一个小农国家里按共产主义原则来调整国家的产品生产和分配。现实生活说明我们错了。""从资本主义向社会主义过渡可以有各种不同的形式,这要取决于国内是大资本主义关系占优势,还是小经济占优势……如果一个国家大工业占优势,或者即使不占优势,但是十分发达,而且农业中的大生产也很发达,那么直接向共产主义过渡是可能的。没有这种条件,向共产主义过渡在经济上是不可能的。"①

从上述分析可以看出,新经济政策不仅不是社会主义社会的政策,而且也不是社会主义改造的政策,即"直接过渡"的政策,而是一种"迂回过渡"的政策。列宁关于小农经济占优势的国家不能直接过渡到社会主义,而必须采取一系列特殊过渡措施的思想,是对马克思主义创始人关于无产阶级夺取政权后直接地、单纯地采取社会主义改造的措施走向社会主义的过渡时期理论的重大贡献和发展。

三、列宁新经济政策的总体构想

(一)列宁关于小农经济占优势的俄国向社会主义过渡的总体构想包括三个步骤、两个中间环节

这三个步骤是:从小农经济到国家资本主义,从国家资本主义到社会主义改造,经社会主义改造进入社会主义。这两个中间环节是:国家资本主义,社会主义改造。

新经济政策指的就是第一个步骤和第一个中间环节。如前文所述,列宁的新经济政策包括两次退却:第一次退却是由战时共

① 《列宁选集》第4卷,北京:人民出版社,1995年版,第570、464页。

产主义退到国家资本主义;第二次退却是由国家资本主义退到国家调节商业和货币流通。

列宁反复强调,国家资本主义,就是我们能够加以限制、能够规定其范围的资本主义,这种国家资本主义是同国家联系着的,而国家就是工人,就是工人的先进部队,就是先锋队,就是我们。那么"国家资本主义"中的"资本主义"指的是什么呢?列宁指出:"新经济政策就是以实物税代替余粮收集制,就是在很大程度上转而恢复资本主义……把企业租给私人资本家,这些都是直接恢复资本主义……在这种自由贸易的土壤上不可能不滋长资本主义。这是经济学初级读本教给我们的最基本的经济常识……""我们在今年春天说,我们要用粮食税代替余粮收集制,要颁布法令,规定交纳粮食税以后剩下的粮食可以自由买卖。当时我们这样做,也就是使资本主义得到发展的自由。不明白这一点,就等于根本不懂得基本的经济关系,根本不可能认清形势和正确行动。""流转就是贸易自由,就是资本主义。"①针对当时不少人的担心,列宁明确指出,要用一切办法坚决发展流转,不要害怕资本主义,因为在俄国(经济上剥夺了地主和资产阶级,政治上有工农政权)给予资本主义活动的范围,是相当狭小而"适度"的。列宁在分析了俄国当时存在的各种社会经济成分后指出:"社会主义的无产阶级面对着这样的经济事实,能采取什么样的政策呢?……或者是试图完全禁止、堵塞一切私人的非国营的交换的发展,即商业的发展,即资本主义的发展,而这种发展在有千百万小生产者存在的条件下是不可避免的。一个政党要是试行这样的政策,那它就是在干蠢事,就是自杀。说它在干蠢事,是因为这种政策在经济上行不通;说它在自杀,是因为试行这类政策的政党,必然会遭到失

① 《列宁选集》第4卷,北京:人民出版社,1995年版,第576-577、608、524页。

败……或者是(这是最后一种可行的和唯一合理的政策)不去试图禁止或堵塞资本主义的发展,而努力把这一发展纳入国家资本主义的轨道。”“‘我们’直到现在还常常爱这样议论:‘资本主义是祸害,社会主义是幸福。’但这种议论是不正确的……同社会主义比较,资本主义是祸害。但同中世纪制度、同小生产、同小生产者涣散性引起的官僚主义比较,资本主义则是幸福。既然我们还不能实现从小生产到社会主义的直接过渡,所以作为小生产和交换的自发产物的资本主义,在一定程度上是不可避免的,所以我们应该利用资本主义(特别是要把它纳入国家资本主义的轨道)作为小生产和社会主义之间的中间环节,作为提高生产力的手段、途径、方法和方式。”①

(二)我们知道,在马、恩的社会主义观中不存在商品经济或市场经济,列宁是认同的。现在的一个问题是,新经济政策是否改变了列宁的社会主义观

至少到《国家与革命》,列宁与马克思、恩格斯的社会主义观是没有差别的。对于这一点,看来目前理论界是没有不同意见的。但是,在新经济政策有没有改变列宁的社会主义观的问题上,理论界是存在明显分歧的。

1. 有不少同志认为,列宁的社会主义观前后是不一致的,改变列宁十月革命以前社会主义观的正是新经济政策。他们用列宁新经济政策中的商品经济观顶替列宁的社会主义经济观,说列宁已经提出社会主义商品经济或市场经济的思想。这是严重的误解。而事实是,列宁称自己的新经济政策是“退却”,退回到国家资本主义。这种“被叫作‘新的’经济政策,所谓新,是对我们先前的经济政策而言的。可是实质上,它比我们先前的经济政策包含

① 《列宁选集》第4卷,北京:人民出版社,1995年版,第503－504、510页。

着更多的旧东西"①。列宁认为,新经济政策是从资本主义向社会主义过渡的"最初步骤",连过渡时期的社会主义改造都谈不上,又怎么能说是社会主义商品经济呢?

2. 一些同志还提出,列宁在新经济政策的第一个时期(即1921年3月到1921年10月)与第二个时期(即1921年10月到列宁逝世)对贸易自由等的看法是不一样的,并把它当作新经济政策改变列宁社会主义观的一个重要依据。事实证明,列宁在实行新经济政策期间始终认为贸易自由就是恢复和发展资本主义。例如,1921年10月29日,列宁在莫斯科省第七次党代表会议上关于新经济政策的报告中指出:"新经济政策所造成的情况,如小型商业企业的发展、国营企业的出租等,都意味着资本主义关系的发展。"②在1921年12月30日至1922年1月4日《关于工会在新经济政策条件下的作用和任务的提纲草案》中,列宁指出:"现在不但容许而且还发展由国家调节的自由贸易和资本主义,而另一方面,国营企业也在改行所谓经济核算,实际上就是在相当程度上实行商业的和资本主义的原则。""在容许和发展贸易自由的情况下,这实际上等于让国营企业在相当程度上改行商业的即资本主义的原则。"③1922年3月27日在俄共(布)第十一次代表大会上的报告中,列宁指出:"现在我们正在建立合营公司……这些公司也和我们的全部国营商业以及整个新经济政策一样,都是我们共产党人运用商业方法,资本主义方法的表现。"④

3. 还有的同志以列宁在《论合作社》一文中讲的"我们对社会主义的整个看法根本改变了"为依据,来证明新经济政策改变了列

---

① 《列宁选集》第4卷,北京:人民出版社,1995年版,第573页。
② 《列宁选集》第4卷,北京:人民出版社,1995年版,第607页。
③ 《列宁选集》第4卷,北京:人民出版社,1995年版,第620、621页。
④ 《列宁选集》第4卷,北京:人民出版社,1995年版,第664页。

宁的社会主义观。这种观点也是站不住脚的。对此列宁有自己的解释,“这种根本的改变表现在:从前我们是把重心放在而且也应该放在政治斗争、革命、夺取政权等等方面,而现在重心改变了,转到和平的‘文化’组织工作上去了”①。这是什么意思呢?因为自欧文以来的所有旧日合作社社会主义论者企图不通过阶级斗争、工人阶级夺取政权、推翻剥削阶级的统治,而单纯依靠合作社运动来和平改造资本主义;而马克思主义认为必须进行政治斗争、革命和夺取政权。列宁正是从这个意义上把合作社社会主义看作是彻头彻尾的幻想。现在,国家政权既已掌握在工人阶级手里,全部生产资料既已掌握在工人阶级手里,用发展合作社来争取社会主义就不再是幻想而是现实需要了。也就是说,不是只有政治斗争才是争取社会主义,现在发展合作社同样是争取社会主义。所谓“对社会主义的整个看法根本改变了”,是指根本改变了对合作社与争取社会主义的关系的看法,而绝不是由马克思的社会主义改变为合作社的社会主义。因此,新经济政策并没有改变列宁的社会主义观,列宁与马、恩的社会主义观是一致的。②

四、列宁新经济政策的主要内容和现实指导意义

(一)列宁的新经济政策是退却的政策

列宁多次明确称自己的新经济政策为“退却”的政策。他指出,正面攻击失败了,那我们就改用迂回的办法,采用围攻和对地壕战。“今年春天我们改行新经济政策,退回到采用国家资本主义

① 《列宁选集》第4卷,北京:人民出版社,1995年版,第773页。

② 智效和:《列宁是否改变了马克思的社会主义观》,载《政治学研究》2002年第2期。

的经营手段、经营方式和经营方法，这种退却是否已经够了，以致可以停止退却而开始准备进攻呢？不，实际表明退得还不够。”“我们应当认识到，我们还退得不够，必须再退，再后退，从国家资本主义转到由国家调节买卖和货币流通。”①列宁的上述论述再清楚不过地说明了新经济政策是退却的政策、国家资本主义的政策，而绝不是进攻的政策、社会主义社会的政策。

（二）列宁不仅敢于承认新经济政策是“退却”，而且强调一定要向广大群众说清楚这一点

列宁指出：“如果我们对自己、对工人阶级、对群众隐瞒这一点，那就等于承认我们根本没有觉悟，等于没有勇气正视现状。”②政治上的诚实是有勇气、有力量的表现。列宁在新经济政策中所表现出来的实事求是精神，表明他不愧为一个彻底的唯物主义者。

列宁不仅把自己的新经济政策称作“退却”；而且认为这种“退却”应当是清醒的、有原则的、有限度的、有秩序的、适时将转入反攻的退却。在列宁对新经济政策的阐释中，自始至终贯穿着退却与进攻的辩证法，这是无产阶级斗争策略的具体体现。

第一，这种“退却”是清醒的退却。列宁不仅指出了退却的必要性，而且还充分认识到了退却的危险性。因而，新经济政策是清醒的退却，而绝不是盲目的、糊里糊涂的退却。列宁指出，新经济政策所造成的情况，如小型商业企业的发展，国营企业的出租等，都意味着资本主义关系的发展，看不到这一点，那就是完全丧失了清醒的头脑。不言而喻，资本主义关系的加强，其本身就是危险性的增强。这个新经济政策所采取的每一个步骤都包含着许许多多的危险。在这一点上切不可有丝毫的糊涂。“租让也是一种斗争

① 《列宁选集》第4卷，北京：人民出版社，1995年版，第604、605页。
② 《列宁选集》第4卷，北京：人民出版社，1995年版，第606页。

形式，是阶级斗争在另一种形式下的继续，而绝不是用阶级和平来代替阶级斗争。”①“我们党的任务就是要使大家都认识到，存在于我们中间的敌人就是无政府状态的资本主义和无政府状态的商品交换。必须清楚地了解斗争的这个实质，并且使广大工农群众清楚地了解斗争的这个实质：‘谁战胜谁？谁将取得胜利？’”“在伟大的胜利进攻之后，实行退却是一件极其困难的事情；退却的时候，情况是完全不同的；进攻的时候，即使维持不了纪律，大家也会自动向前飞奔；但在退却的时候，就必须自觉地遵守纪律……这里的危险是很大的。”②他强调必须善于克服新经济政策的一切消极面，使之缩小到最低限度。

第二，这种“退却”是有原则的退却。新经济政策不仅体现了策略的灵活性，而且体现了原则的坚定性。新经济政策的实质和目的在于找到大工业和小农经济的结合点，巩固工农联盟，巩固苏维埃政权，为社会主义奠定经济基础，以便顺利地过渡到社会主义。列宁反复指出，我们容许的资本主义只是国家资本主义，而国家，就是我们。国家资本主义就是我们能够加以限制、能够规定其范围的资本主义。“我们虽在新经济政策的名义下向后转了，但我们向后转时决不放弃任何新东西。”“贸易自由就是资本主义，资本主义就是投机倒把，无视这一点是很可笑的。怎么办呢？难道宣布投机倒把活动可以不受制裁吗？不，应当重新审查和修改关于投机倒把活动的一切法令，宣布一切盗窃公共财物行为，一切直接或间接、公开或秘密地逃避国家监督、监察和计算的行为，都要受到制裁（事实上要比从前更严厉三倍地加以惩办）。”③他还严厉

① 《列宁选集》第4卷，北京：人民出版社，1995年版，第506页。
② 《列宁选集》第4卷，北京：人民出版社，1995年版，第579、673页。
③ 《列宁选集》第4卷，北京：人民出版社，1995年版，第736、517页。

地批评指出，有些共产党员是毫无用处的共产党员，他们根本不理解自己的任务是限制、制止、监督、当场抓住犯罪行为，是狠狠地惩办任何超越国家资本主义范围的资本主义。

第三，这种“退却”是有限度的、有秩序的、适时将转入反攻的退却。列宁反复强调，退却要有秩序，要准确地规定退却的限度，不要惊慌失措。我们现在退却，好像是在向后退，但是我们这样做是为了先后退几步，然后再起跑，更有力地向前跳。新经济政策实行以后，不少人纷纷写条子或打电话问：“既然我们实行了新经济政策，我们这里能不能也改组一下?”针对这种追求一切都按新样子建立和赶浪头的倾向，列宁批评指出，现在“是中止神经过敏、大喊大叫和无谓奔忙的时候了”。“够了！退却所要达到的目的已经达到了。这个时期就要结束或者已经结束。现在提出的是另一个目标，就是重新部署力量。”①列宁的这些话无疑是给那些肤浅的风派经济学家当头浇了一瓢冷水。

（三）新经济政策就是利用资本主义的政策

在新经济政策期间，列宁多次明确把自由贸易、流转、企业出租等等叫作资本主义，并且把这当作政治经济学的起码常识。（鉴于前面第四章已经作过详细介绍，这里恕不赘述）当然，这里需要指出的是，列宁的目的并不就是真的要发展到资本主义那里去；恰恰相反，列宁的目的在于利用资本主义发展社会主义。

（四）新经济政策有两个方面，而不是只有一个方面

在1929年《论联共（布）党内的右倾》演说中，斯大林对新经济政策进行了全面、深刻的分析。他指出：“我们在1921年施行新经济政策的时候，是把它的锋芒指向战时共产主义，指向排斥任何私人贸易自由的制度和秩序的。我们过去和现在都认为新经济

① 《列宁选集》第4卷，北京：人民出版社，1995年版，第676、672页。

政策就是容许私人贸易的一定自由。这一方面布哈林记住了。”“但是,布哈林认为新经济政策只有这一方面,那就错了。布哈林忘记了新经济政策还有另一方面。问题在于新经济政策绝不是容许私人贸易完全自由,绝不是容许在市场上自由玩弄价格。新经济政策是在保证国家对市场起调节作用的条件下容许私人贸易在一定限度、一定范围内的自由。这就是新经济政策的第二个方面。”“只要新经济政策存在,就应当保存它的两个方面:第一个方面是反对战时共产主义制度,其目的是保证私人贸易的一定自由;第二个方面是反对私人贸易完全自由,其目的是保证国家对市场起调节作用。取消这两个方面中的一个方面就不会有新经济政策。”①

(五)列宁认为利用资本主义的最好形式和办法是实行国家资本主义

前面就已经提到:列宁曾经指出,我们所能容纳的资本主义只是国家资本主义,而国家资本主义,就是我们能够加以限制、能够规定其范围的资本主义。这种国家资本主义,实际上也正如我党老一辈的经济工作卓越领导人陈云同志所主张的那种“鸟笼经济”。

我们一个时期以来受西方新自由主义的影响,经济领域出现了许多问题。“黑砖窑事件”“富士康13连跳”假冒伪劣、偷税漏税等都是新自由主义造成的恶果。实际上,新自由主义的经济政策早已被资本主义发展的历史证明是行不通的了,凯恩斯主义和罗斯福新政就是最好的明证。

总之,新经济政策是列宁从俄国小农经济占优势的基本国情出发,为苏维埃俄国制定的向社会主义迂回过渡的政策,是对马克

① 《斯大林选集》下卷,北京:人民出版社,1979年版,第144－145页。

思主义过渡时期理论的丰富和发展。列宁新经济政策中体现的把马克思主义基本原理同本国具体实际相结合的科学精神和科学方法，为经济文化相对落后国家探索具有本国特色的社会主义发展道路树立了光辉的典范。历史经验再一次表明：无论是向社会主义过渡，还是进行社会主义建设，都必须把马克思主义基本原理同本国具体实际相结合，走自己的路。正如列宁所说："一切民族都将走向社会主义，这是不可避免的，但是一切民族的走法却不会完全一样。"①

① 《列宁选集》第 2 卷，北京：人民出版社，1995 年版，第 777 页。

第七章

关于俄罗斯重新评价斯大林和苏联历史的思考

20世纪80年代末90年代初，苏东剧变、苏联解体，世界社会主义运动处于历史的低谷。在当时，人们几乎把社会主义体制下的各种怨愤统统归罪于社会主义；把资本主义——即所谓的“民主”制度视为天堂，顶礼膜拜。所以，这个在20世纪40年代曾经以无比的英勇打败德国法西斯大规模进攻的强大国家，在社会主义大厦垮塌时几乎无人反抗。现在近30年已经过去了，在今天，俄罗斯的人们感受如何呢？这不能不成为我们关注的一个重要问题。

一、俄罗斯开始重新评价斯大林和苏联历史

从苏共二十大赫鲁晓夫的秘密报告到戈尔巴乔夫时期的苏联解体，人们对斯大林和苏联社会主义制度的态度，基本上可以说是否定不断升级。然而，自20世纪90年代以来，俄罗斯社会各界出现了一股新的思潮，人们纷纷开始从相反的方向——从肯定的角度重新评价斯大林和苏联历史。

（一）俄罗斯广大民众在反思

近年来，在十月革命纪念日、苏联卫国战争纪念日，人们纷纷举行各种形式的纪念活动，寄托对列宁、斯大林和民族英雄的缅怀

和哀思。莫斯科红场、列宁墓是人们聚集的中心，人们手举红旗向列宁墓献花。2007 年 11 月 7 日，莫斯科市政府还在红场举行隆重的阅兵式。民意调查显示：俄罗斯人民对十月革命的积极评价越来越多。相当多俄罗斯人怀念十月革命，甚至向往能回复苏联时代。① 半数俄罗斯人没有放弃十月革命的理想。② 在俄罗斯，"回归苏联"③成为时尚。西班牙《国家报》甚至报道，十月革命战胜了"颜色革命"④。在 2007 年 11 月 7 日这一天，在十月革命的发生地圣彼得堡，约两千民众举行了集会。涅瓦河畔的广场上，用炮声拉开革命序幕的"阿芙乐尔号"巡洋舰前，奏响了苏联国歌。"布尔什维克们说过的革命，我们还要继续下去。"俄罗斯共产党圣彼得堡支部领导人伯尔特科有力地挥动右臂，激起听众间的一片掌声。11 月 7 日，"十月社会主义革命"90 周年，莫斯科下起了雪。70 岁的罗莎第二次来到红场上的列宁墓，瞻仰其遗体。在罗莎眼中，"这是历史，不能一笔勾销"⑤。据最近的统计，重新肯定斯大林者已经不限于共产党（占该党被调查者的 75%）。自由民主党肯定斯大林者比例最高（占该党被调查者的 83%），而在亲总统的俄罗斯政权党"统一俄罗斯"中，肯定斯大林的也占到被调查者的 58%。⑥ 与此形成鲜明对比的是：1996 年，戈尔巴乔夫竞选总统，经过全民投票，以得票率不到 1% 而惨败；1999 年 12 月底，据民意调查，叶利钦的支持率只有 1% ~2%，他不得不放

① http：//news. sohu. com/20071107/n253112683. shtml。
② http：//news. sohu. com/20071106/n253088553. shtml。
③ http：//news. xinhuanet. com/world/2007 －11/29/content_7166596. htm。
④ http：//news. xinhuanet. com/world/2007 －11/09/content_7039822. htm。
⑤ http：//news. sohu. com/20071115/n253268235. shtml。
⑥ 吴恩远：《"还历史公正"——俄罗斯对全盘否定苏联历史的反思》，载《高校理论战线》2004 年第 8 期。

弃竞选俄罗斯总统，提前让位给普京。1999年，俄罗斯社会舆论基金会就“20世纪的俄罗斯领导人谁对国家发展给予最坏的影响”题目对俄罗斯民众问卷显示，戈尔巴乔夫的得票率以占被调查者34%高居榜首，叶利钦以30%居第二位。2001年的民意调查显示，高达66.1%的俄罗斯人认为戈尔巴乔夫、叶利钦应对当前国家的困境负责。① 从1999到2001年，民意调查机构“罗米尔”以“如果可能，您选择生活在1991年以前或是当前的生活”为题进行调查，一半以上到三分之二的俄罗斯人选择1991年以前。②

需要注意的是，以往怀念斯大林和苏联历史的人主要集中在老一代人，而现在不仅是老年人，而且年轻人也开始了“怀旧”情结。18岁的佳吉特里夫在红场排队等候瞻仰列宁遗容时说：“列宁是个伟人，他那个时代的人民个个满怀理想，与现在人人金钱挂帅不一样。”③2007年12月6—13日，莫斯科新近出版发行的国家级刊物《俄罗斯记者周刊》第27期刊登了记者奥莉加·安德烈耶娃、格里戈里·塔拉谢维奇、谢尔盖·舍赫托夫联合撰写的评论性报道——“我想回到苏联”。文章引用丰富而翔实的材料，以大量摘录网上日记的形式，分析评价了出生于20世纪70年代后、30岁左右的俄罗斯青年为什么会产生“怀念苏联”的强烈情感。一篇题为“1976—1982年代的一代人”的文章中这样写道：我们碰到了好时候，我们的童年和青年是在那个时代度过的，政府使青年们的自由时间都用在了参加体育和社会

---

① 吴恩远：《“还历史公正”——俄罗斯对全盘否定苏联历史的反思》，载《高校理论战线》2004年第8期。

② 吴恩远：《再谈俄罗斯反思苏联历史、重评斯大林思潮》，载《世界历史》2006年第2期。

③ http：//news. sohu. com/20071107/n253112683. shtml。

活动等方面，这正是对苏联时期的一致评价，也是作为那个时期类似于个人的福利……这篇文章目前已经成了这一代人的“宣言”。俄罗斯各地有着同样意愿的30岁左右的人，都在自己的因特网博客上复制这篇文章。①

（二）俄罗斯知识界在反思

如今，戈尔巴乔夫全盘否定苏联历史的做法遭到越来越多的历史学家及广大民众的反对。著名历史学家、俄罗斯科学院院士尤里·波利雅科夫指出：“从1987—2000年13年来，俄罗斯历史科学在研究方法和研究原则上发生了根本改变，历史科学的很多方面被破坏了，被抛弃了，被颠倒了。”现在“俄罗斯历史学家面临的重要任务是：在利用几代学者积累的学术资料基础上，吸收新的资料，重新思考历史”②。2002年，什·姆·蒙恰耶夫和弗·姆·乌斯季诺夫在其撰写的《苏维埃国家史》一书的结语中也认同这个观点：“历经了多年对苏联历史的否定，今天终于合乎规律地在千百万人的心中产生了一种意识：不能否定苏联70年的历史。”③

2001年12月3日，俄罗斯教育部和俄罗斯科学院、俄罗斯教育科学院联合召开会议，主题是“祖国现代史教学中的问题”。俄罗斯科学院俄罗斯历史所所长萨哈诺夫、世界史所长丘巴良、莫斯科大学历史系主任卡尔波夫等在发言中一致要求克服教学中不尊重自己历史的那种消极现象。人民日报社主管的《环球

① 中国社会科学院世界社会主义研究中心：《世界社会主义研究》2008年第5期第11－12页。

② 吴恩远：《“还历史公正”——俄罗斯对全盘否定苏联历史的反思》，载《高校理论战线》2004年第8期。

③ 什·姆·蒙恰耶夫、弗·姆·乌斯季诺夫：《苏维埃国家史》，莫斯科规范出版社2002年版。

时报》2007年7月31日摘要刊载英国《泰晤士报》消息称,"俄罗斯最近出版的新教师(必读)手册中将斯大林称为'苏联最成功的领导人'"①,认为斯大林发动的大清洗运动是为了使国家强大起来。这样的评价,即使在斯大林生前,也从来没有使用过。2007年和2008年俄罗斯新版历史教学参考书中写道:苏联"对全世界千百万人们来说,是最好的和最公正社会的榜样和方向"②。

(三)俄罗斯地方政府在反思

2003年,伏尔加格勒州政府作出恢复城市原来的名称"斯大林格勒"的决议,并设立"改名委员会",同时给俄罗斯杜马打报告请求批准。伏尔加格勒州议会议长说:"斯大林格勒是俄罗斯历史中最光荣的名字。斯大林是强大俄罗斯的象征。重新使用这个名字,有助于使俄罗斯人对国家的未来充满希望。"有十几个州政府签名支持伏尔加格勒市政府的改名要求。俄罗斯贝尔戈罗茨基州也决定在本州修建斯大林的雕像,1943年苏德军队在这里曾进行了人类历史上史无前例的一场坦克大战。俄罗斯秋明州伊希姆市政府决定在该城市中心十月革命广场,在原来被推倒的斯大林塑像位置上重新竖立斯大林纪念碑。该市副市长伊·法杰伊娃说:"政府这个决定得到普遍的支持。这样做是还历史的公正。"奥廖尔市议会致信普京总统,要求在历史教科书中恢复斯大林的"荣誉"、重新为斯大林竖立纪念碑、以斯大林的名字为街道和广场命名。雅库特共和国米尔内市官员在斯大林纪念像揭牌仪式上说,斯大林是"俄罗斯伟大的儿子,他

① 中国社会科学院世界社会主义研究中心:《世界社会主义研究》2008年第1期第15页。

② 中国社会科学院世界社会主义研究中心:《世界社会主义研究》2009年第4期第6页。

把一切献给了人民，从未要求任何回报”，他“身后没有留下任何个人财产”，等等。①

（四）俄罗斯官方在反思

在纪念苏联卫国战争胜利50周年时，叶利钦在他的报告中曾说：“在建立反希特勒联盟中，斯大林、丘吉尔、罗斯福、戴高乐的功绩是伟大的。”俄罗斯前总理切尔诺梅尔金则进了一步，他在一次国际学术会议上做报告时指出：“不能贬低或不提斯大林在卫国战争中建立的功勋。否则是不公正的，也是不诚实的。”②2000年5月9日，普京在克里姆林宫建立了纪念反法西斯战争胜利纪念碑，斯大林列英雄榜第一。2002年1月，普京指出，“正是在斯大林的领导下苏联才取得了伟大卫国战争的胜利，这一胜利在很大程度上与他的名字相关联。忽视这一现实是愚蠢的”。2004年2月，普京说：“苏联时期，苏联的存在以及它的核力量曾是世界强有力的稳定因素。”因此，他宣布保留苏联时期的国歌曲调作为俄罗斯国歌、苏联红旗作为军旗。2004年7月24日，普京签署命令要求将莫斯科红场边无名烈士墓旁一个纪念碑上镌刻的碑铭中的“伏尔加格勒”字样恢复为“斯大林格勒”。2005年，在庆祝反法西斯战争胜利60周年之际，针对西方媒体将斯大林与希特勒作为同样的历史罪人类比的论调，普京明确表示他不能同意把斯大林与希特勒相提并论，他说，斯大林不是纳粹分子，是德国侵略了苏联，而不是相反。2005年，俄罗斯总统普京发表年度国情咨文时，痛心地慨叹：“苏联的解体，是20世纪最严重的地缘政治灾难；对于

---

① 吴恩远：《再谈俄罗斯反思苏联历史、重评斯大林思潮》，载《世界历史》2006年第2期。

② 吴恩远：《“还历史公正”——俄罗斯对全盘否定苏联历史的反思》，载《高校理论战线》2004年第8期。

俄罗斯人民来讲，它是一场真正的悲剧。”①2005 年 5 月，俄罗斯国家杜马主席鲍里斯·格雷兹洛夫则明确提出“对斯大林要给以历史的重新评价”②。

前面提到俄罗斯新出版的历史教科书重新评价斯大林和苏联历史的有关情况，实际上，这里面也包含了普京的支持。2004 年 7 月，普京总统在国务会议上明确表达了对目前大中学校历史教学情况的不满，他正式提出：“应当认真地对待提高大中学校历史教学的水平问题”，针对以前全盘丑化本国历史的状况，提出要“加强爱国主义教育”。③ 这两本教师手册的出版是经过了普京同意的。可以说，正是由于普京对待苏联历史的观点，在一定程度上揭开了重新审视苏联历史的先河。④

（五）持不同政见者在反思

哲学家、社会学家和作家亚历山大·季诺维耶夫，这位在青年时代痛恨斯大林、曾想要刺杀斯大林的前苏联持不同政见者，近年来逐渐改变了态度。2003 年 3 月 4 日，他在《苏维埃俄罗斯报》上发文说：“可以断言，没有列宁，就不会有社会主义革命的胜利，而没有斯大林，也就不会出现历史上第一个大规模的共产主义社会。”他还说：“考虑到具体历史条件，考虑到人员等情况，斯大林为首的领导是按最佳方案行动的。环境本身迫使他们采取那样的行动。”他称斯大林为人类历史上最伟大的人物之一，把 20 世纪称

---

① 《居安思危——苏共亡党的历史教训》，载世界社会主义研究中心《世界社会主义研究》2006 年第 8 期第 16 页。

② 吴恩远：《再谈俄罗斯反思苏联历史、重评斯大林思潮》，载《世界历史》2006 年第 2 期。

③ 吴恩远：《再谈俄罗斯反思苏联历史、重评斯大林思潮》，载《世界历史》2006 年第 2 期。

④ 吴恩远：《“还历史公正”——俄罗斯对全盘否定苏联历史的反思》，载《高校理论战线》2004 年第 8 期。

为“列宁和斯大林的世纪”[①]。他曾经对法国记者说：“我过去离开的是一个受人尊重的、强大的大国；现在重新见到的却是一个被打败了的、破败的国家。苏联共产党政权的崩溃并不是由于国内的原因，而是西方历史上取得的最大胜利。俄罗斯的灾难是西方所希望的，也是西方策划的。我之所以这样说，是由于我知道内情。我看过一些文件和材料，参与过一些准备引导俄罗斯走向死亡的活动。我对此感到受不了，以致我再也无法生活在那个要消灭我的国家和我的人民的阵营里了。”这时候的亚历山大·季诺维耶夫，终于意识到自己这些年一直是敌人手中的一杆枪，在不停地向自己的祖国开火！[②] 就连写过《古拉格群岛》、全盘否定斯大林的索尔仁尼琴在反思时也说：“我害了我的祖国”。像索尔仁尼琴那样的曾对斯大林恨之入骨并对斯大林进行了种种无端攻击和贬损的人，看到在斯大林领导下建成的强大国家遭到毁灭后出现的混乱状态，思想上也不能不有所触动。索尔仁尼琴在 1996 年发表的小说《在转折关头》里，已不把斯大林领导时期的苏联描绘得一团漆黑了。更重要的是，他开始用肯定的笔调来写斯大林。在写到斯大林逝世时说，斯大林“是永恒现象，不可能停止存在”，“大家都懂得失去了一个最伟大的人”，但是“还没有完全明白失去了个什么样的伟大人物”。他在小说里多次提到斯大林开始的“伟大的向未来的奔跑”，说它造就了大批杰出人物，创造了在通常情况下无法想象的奇迹。根据他那本小说中的叙述，斯大林逝世后苏联之所以能在建设上继续取得成就，是这个“伟大的起跑”的冲力在起作用。显然，现在的索尔仁尼琴不仅肯定斯大林，而且对他

---

① 吴恩远：《“还历史公正”——俄罗斯对全盘否定苏联历史的反思》，载《高校理论战线》2004 年第 8 期。

② http：//chinaps. cass. cn/readcontent. asp？ id＝8986。

进行了赞扬。① 曾经亲自参与签署协议将苏联解体的三巨头之一、乌克兰前总统克拉夫丘克后来说：“如果说在1991年，我知道国家会发展到今天这样的状况，我宁愿斩断自己的手，也不会签署（导致苏联解体的）别洛韦日协议。”②

上述大量资料表明，在今天的俄罗斯，重新评价斯大林和苏联历史，已经成为不争的事实。风向正在改变。斯大林早在1943年就说过：“我知道，我死后有人会把一大堆垃圾扔到我的坟上。但是历史的风一定会毫不留情地把那些垃圾刮走！”③从20世纪90年代中期开始出现的种种迹象可以看到，这“历史的风”已经刮起来了。

二、俄罗斯重新评价斯大林和苏联历史的深层原因

（一）俄罗斯人民的生活水平大幅度下降

俄罗斯重新评价斯大林和苏联历史，有着深刻的社会经济根源。很多俄罗斯学者得出结论：苏共垮台、苏联解体，使俄罗斯经济、社会发展倒退了几十年。④ 普京总统在回答美国记者提问时曾说；有2500万生活在前苏联境内的俄罗斯族人一夜之间沦为外国人，其生存权利不能保证；有些人一辈子的积蓄顿时丧失，社会保障受到损害，他说：“这种情况是苏联解体的后果造成的。”⑤

---

① 张捷：《“历史的风”刮走斯大林坟上的垃圾》，载《真理的追求》1999年第11期。

② 《居安思危——苏共亡党的历史教训》，载世界社会主义研究中心《世界社会主义研究》2006年第8期第54页。

③ 张捷：《“历史的风”刮走斯大林坟上的垃圾》，载《真理的追求》1999年第11期。

④ 《居安思危——苏共亡党的历史教训》，载世界社会主义研究中心：《世界社会主义研究》2006年第8期第16页。

⑤ 吴恩远：《再谈俄罗斯反思苏联历史、重评斯大林思潮》，载《世界历史》2006年第2期。

中国社会科学院原副院长、中国社会科学院世界社会主义研究中心主任李慎明，2007年6月8日在《且听低谷新潮声（之三）》首发式上的讲话中，曾经谈到他与俄罗斯一位高校女教师的谈话。他说，2002年在伏尔加格勒大学与一位30岁多一点的年轻女教师交谈时，我请她用几句扼要的话讲讲苏联解体的根本原因在哪，她低头半天不语，我很纳闷。等她再抬头时，我发现她的眼眶里充满了泪水。她说："你问的这个问题平时我们都回避，不想回答、不想思考，这样心里还好过一点。这个问题是我们心灵上的疮疤，你这一句话，把我们心上的疮疤又揭开了，我的心现在在流血。30多岁的俄罗斯人对苏联解体前后的社会发展状况都有一个直观的感受和对比。苏联解体后，我们现在的实际生活水平突降了一半。解体十年，伏尔加格勒州男性人均预期寿命下降了整整10岁，女性下降6岁。俄罗斯近十几年的社会发展实践告诉我们，那些似乎虚无缥缈和我们每个人没有直接关系的'理想、信念、主义、道路'，实际上同国家民族的命运乃至我们每个人和家庭的命运都是息息相关的。"①

（二）斯大林时期苏联取得的巨大成就

2003年3月5日，俄罗斯《导报》以"俄罗斯人怀恋斯大林时代"为题分析了民众、甚至包括反对派肯定他的几条最主要原因：第一，把苏联从一个落后农业国建成了一个世界工业强国，奠定了苏联现代化发展的基础；第二，在他的领导下打败了法西斯，保卫了国家的独立；第三，建立了强大的社会保障体系，实行免费医疗、免费教育、免费住宅，首次实现在一个国家里消灭了文盲；第四，很快恢复了被战争破坏的国民经济，1947年就取消了商品的票证供

① 中国社会科学院世界社会主义研究中心：《世界社会主义研究》2007年第8期第3页。

应;第五,奠定了热核武器、宇航技术发展的基础;第六,苏联在国际上赢得了广泛的尊敬,具有举足轻重的地位,苏联公民都以自己强大的祖国而自豪,苏联模式在欧洲、亚洲一系列国家产生了广泛影响。①

时下,人们常说,苏联剧变的主要原因是经济建设没有搞好。其实,在斯大林时期,在短短的两三个五年计划之内,苏联就一跃而成为欧洲第一大工业强国、世界第二大工业强国。怎么能说苏联的经济没有搞好呢?就连曾经是斯大林的合作者和对手的英国首相丘吉尔,也以这样敬畏的口吻高度评价斯大林,他说:“当他接过俄国时,俄国只是一个手扶木犁的国家;而当他撒手人寰时,俄国已经拥有了核武器。”②他还说:“在经受严峻考验的年代里,是不屈不挠的天才统帅斯大林领导了自己的国家,这是俄国的大幸。斯大林是一位最杰出的人物,他在风云突变、严酷无情的时代度过了自己的一生,并给我们这个时代留下了令人敬仰的印象。”③苏联的经济建设是存在一定的问题,但是要实事求是地进行分析,全盘否定的态度是站不住脚的。这里需要说明:斯大林领导下的苏联到目前为止,大约还是人类历史上唯一一个“不借助外国资本而能从农业国转变为工业国的事例”,虽然在当时苏联也是被迫的、不得已的,但这也足以说明斯大林的了不起。而且苏联的社会主义建设是在极其困难、极其险恶的历史条件下,是在充满敌意的国际环境下,在没有任何前人的经验可以

① 吴恩远:《“还历史公正”——俄罗斯对全盘否定苏联历史的反思》,载《高校理论战线》2004年第8期。

② [苏]弗拉基米尔·卡尔波夫:《大元帅斯大林》,北京:社会科学文献出版社,2005年版,第792页。

③ [苏]丘耶夫:《同莫洛托夫的140次谈话》,北京:新华出版社,1992年版,第87页。

借鉴的情况下进行的。①

著名美国记者安娜·路易斯·斯特朗,曾经在1949年蒙受不白之冤,被当作帝国主义的间谍坐牢长达六年之久,可以说是深受苏联肃反扩大化之害。但是,在出狱不到一年,当赫鲁晓夫做秘密报告、全盘否定斯大林时,她却勇敢地站出来,客观、公正地评价斯大林。她说:斯大林"从1928年起在一个国家里,在一个为敌人的世界所包围的落后的农民国家里,开始建设社会主义。当他开始的时候,俄国是一个农业和文盲的国家;当他结束的时候,俄国已成为世界上第二个工业强国。他两度这样建设了俄国:一次在希特勒入侵之前,再一次是在战争的废墟上。这要永远归功于他;他是这项工程的工程师"②。"这是历史上一个翻天覆地、生气勃勃的伟大时代,也许是最伟大的时代。他不仅改变了俄国的生活,而且也改变了全世界的生活。它产生了千百万的英雄,也产生了某些恶魔,比较渺小的人今天可以回顾这个时代并且列举出它的罪恶。但是,那些在斗争中生活过来的人,甚至许多因斗争而死去的人,却曾经忍受了祸害,认为这是建设的一部分代价。"③

（三）最新解密的一些档案材料使许多事实真相大白于天下

1. 关于肃反扩大化被镇压的人数

前苏联的持不同政见者瓦贩别洛策尔科夫曾经宣扬,有3500万人受杀害。后来态度发生转变的索尔仁尼琴过去曾经把十月革命到1959年所有死去的人数都加起来,统统算作被镇压的人数。《消息报》在十月革命80周年时发表了一个更加惊人的消息:"共产党政权消灭了1.1亿人。"在最新出版的《斯大林全集》第15卷

① 杜车别:《如何评价苏联和斯大林的问题》,来源于 http://economy.guoxue.com/article.php/11484/2。

② [美]斯特朗:《斯大林时代》,北京:世界知识出版社,1979年版,第176页。

③ [美]斯特朗:《斯大林时代》,北京:世界知识出版社,1979年版,第2页。

中,斯大林对被镇压的人数有正式的统计。其中写道:“1938 年,根据反革命罪条款,内务人民委员部机关逮捕了 52372 人,司法机关在审查这些人的案件过程中,对 2731 人定罪,其中 89 人被枪决,49641 人被宣布无罪。如此数量的无罪判决表明,许多人是在证据不足的情况下被原内务人民委员叶若夫逮捕的。他背着中央胡作非为。”肃反在当时的苏联是必要的。特别是在希特勒上台之后,苏联面临危险的时期。肃反的错误只是在于扩大化。俄罗斯学者提供的信息称:“希特勒在战争末期的一次会议上为自己在东线(苏德战场)的失败辩解时说,失败的主要原因之一,是斯大林在 1937 年枪杀了他在俄国的‘第五纵队’。”看来这个数字的扩大,完全取决于对社会主义制度仇视的程度,取决于攻击社会主义制度的政治需要,根本不是事实。①

2. 关于斯大林个人崇拜的问题

赫鲁晓夫在他的秘密报告中,曾经恶毒攻击斯大林大搞个人崇拜,说斯大林“扮演了编辑兼作者的角色,他是为自己歌功颂德的传记的编撰者之一”。现在,斯大林对《斯大林传略》一书校样的修改意见公开面世,作为《斯大林全集》第 16 卷出版,就粉碎了赫鲁晓夫及其信徒的捏造。斯大林的意见是:“错误太多。调子也不好,是社会革命党人的。什么学说都说成是我的,甚至什么关于战争经常性因素的学说也是我的。原来我还有关于共产主义的学说,瞧,据说列宁只讲过社会主义,关于共产主义一点也没讲过,而我讲了共产主义。还有,据说我有关于国家工业化、农业集体化等等的学说。事实上,国家工业化问题的提出恰恰应该归功于列宁,关于农业集体化等问题也是一样。”“在

① 刘书林:《斯大林评价中具有争议性问题的新分析》,载《政治学研究》2006 年第 4 期。

这部传记中颂扬的东西太多,吹捧个人的作用。读者看完这部传记后该怎么办呢?得跪下对我顶礼膜拜。马克思主义不需要你们这么去教育……我们不需要偶像崇拜者……”“没有一处明确说明我是列宁的学生。不可思议……但只在某一处隐隐约约地提到。事实上,我过去和现在都认为自己是列宁的学生。关于这一点,我在与路德维希那次大家都知道的谈话中明确地说过……”斯大林在晚年确有个人崇拜的成分;但总的说来,斯大林的个人崇拜的成分,不是靠宣传机构和舆论工具鼓吹起来的,而主要是他个人的伟大实践和辉煌业绩在人民群众中的影响造成的。在这方面,俄罗斯学者、哲学博士理贩科索拉波夫教授的谈话是很有意味的:“在后来的40年里,赫鲁晓夫和勃列日涅夫、戈尔巴乔夫和叶利钦,无论他们怎样制造对自己的崇拜,到头来留下了什么呢?不过是为个人运作的党和国家机器的短暂效应,而不是个人英雄业绩产生的结果。狭隘的职务上的荣誉往往很快就变成了骂名和耻辱。”①

3. 关于列宁遗嘱的问题

赫鲁晓夫在秘密报告中曾经攻击说斯大林有意隐瞒了列宁的遗嘱。似乎是斯大林违背列宁明确要解除他领导职务的遗言,篡夺了党的领导权力。现在公开发表的许多历史材料证明,斯大林在这一问题上是光明磊落的,是忠于和贯彻了列宁遗嘱的。所谓列宁遗嘱,是指列宁在1922年12月23日到26日口授的《给代表大会的信》以及1923年1月4日口授的《对1922年12月24日的信的补充》。在“遗嘱”中,在谈到斯大林时,列宁认为他“太粗暴”,这个缺点在总书记的职位上“是不可容忍的”,建议把斯大林

① 刘书林:《斯大林评价中具有争议性问题的新分析》,载《政治学研究》2006年第4期。

从这个职位上调开。这个“遗嘱”是在列宁逝世之后，在俄共(布)党的第十三次代表大会召开前夕，由列宁的遗孀克鲁普斯卡娅于1924年5月18日送交中央委员会的。当时，斯大林和中央委员会都没有隐瞒这个“遗嘱”。5月21日，中央举行特别会议，政治局委员加米涅夫代表列宁文件接受委员会做了情况通报，向大会宣读了列宁的“遗嘱”。俄共(布)党的第十三次代表大会闭幕后两天，斯大林就在第一次中央全会上正式提出解除其总书记职务的请求，但未获得全会同意。斯大林在这次全会上仍然被选为政治局委员、组织局委员、书记处书记，并再次当选为总书记。1925年12月底闭幕的俄共(布)党的十四大和随后召开的中央全会上，斯大林仍然继续担任总书记的职务。1927年10月23日，斯大林主持了俄共(布)中央委员会和中央监察委员会的联席会议。在会上斯大林发表了《托洛茨基反对派的过去和现在》的演说。演说中公开谈论了列宁遗嘱的核心内容。他坦诚地谈了对列宁遗嘱的理解：“那里面只说斯大林粗暴。但是，粗暴并不是也不可能是斯大林的政治路线或立场上的缺点……我对待那些粗暴而阴险地破坏党的人是粗暴的。”他说，对那些人要有温和态度，“这个我做不来”。斯大林的这篇演说，既光明磊落，又不掩饰自己的真诚态度，不久就公开发表在1927年11月2日的《真理报》上。所有的事实都充分证明，在戈尔巴乔夫时期散布的所谓斯大林隐瞒列宁遗嘱的说法，完全是谎言。戈尔巴乔夫之流把自己对历史的无知化为对斯大林品格的怀疑，真是以小人之心度君子之腹，这只能暴露他们自己的卑鄙。①

---

① 刘书林：《斯大林评价中具有争议性问题的新分析》，载《政治学研究》2006年第4期。

三、俄罗斯重新评价斯大林和苏联历史给我们的启示

思考之一：在我们中国，改革开放以来，也有那么一些人，希望在中国搞资本主义。苏联剧变、解体的悲剧和俄罗斯残酷的现实，以及俄罗斯重新评价斯大林和苏联历史的事实，不能不说是给这些人当头浇了一盆冷水。就连苏联的著名“反共”专家季诺维耶夫也开始对中国提出了警告，他说：“请记住我的话：西方会用同样的手段来对付中国。他们收拾了南斯拉夫和彻底打垮了俄罗斯之后，就要搞中国了。”“二十一世纪是西方为搞垮中国而进行斗争的世纪！”这是俄罗斯知识分子对中国的忠告，确实是具有现实意义的忠告！——我们一定要居安思危，一定要“警惕西方会用同样的手段来对付中国”①。

思考之二：龚自珍曾经说过：灭人之国必先去其史。苏共垮台，苏联剧变、解体正是从全盘否定斯大林开始的。从赫鲁晓夫开始一直到戈尔巴乔夫，全盘否定斯大林不仅得不到纠正，而是相反，在一步步地不断升级。到了戈尔巴乔夫时期，全盘否定斯大林更是达到了登峰造极的地步，加速了苏联的垮台。在中国也有那么一些人，在极力地贬损和诋毁毛泽东，他们把新中国成立以来的前30年历史说得一团漆黑。说者也不想想，没有前30年毛泽东时期奠定的基础，怎么会有后30年的巨大成就？过分夸大毛泽东晚年错误的负面影响，实际上是在搞历史唯心主义，因为广大人民群众仍然是这一时期社会主义建设的主体。否定了前30年的历史，实际上也就否定了广大人民群众的团结奋斗和辛勤努力。对历史的评价只有客观、公正、实事求是，才有说服力。我们不应该

① http：//chinaps. cass. cn/readcontent. asp？ id＝8986。

忘记郁达夫在悼念鲁迅时说过的一句话：一个没有英雄的民族，是一个毫无希望的生物之群；有了英雄而不去珍惜、爱护的民族，则是可怜的奴隶之邦。一些人之所以要在中国否定毛泽东，这是因为要在中国搞资本主义，毛泽东是他们首先遇到的一堵墙。因此，客观、公正地评价毛泽东和新中国60年的历史，实质上是一个关系中国未来发展前途和命运的重大政治问题，决不可等闲视之。

思考之三：斯大林模式并非最佳的社会主义模式，但是，谁都不能否认，斯大林模式的确是社会主义的一种模式，具体说，是有缺点的社会主义模式。斯大林社会主义建设的模式无疑是需要随着时间的推移不断进行改革的；但是，改革不能丢掉最基本的东西——社会主义的改革方向，否则，改革就变成了改向。苏联的社会主义之所以垮台，一个主要的原因，就是改革发生了方向性的错误。自赫鲁晓夫开始的"三和"、"两全"，一直到戈尔巴乔夫的"人道的、民主的社会主义"，实际上是一条不断登峰造极的修正主义的改革路线。历史实践再一次证明：社会主义国家搞民主社会主义，其必然结果只能是导致资本主义。民主社会主义并不等于民主加社会主义，它是只有利于资产阶级、而不利于无产阶级的冒牌社会主义，是一种排斥科学社会主义的资产阶级改良主义。由于它根本不触动资本主义制度，所以民主社会主义只能是空想社会主义；又由于它在各个方面反对科学社会主义，所以民主社会主义是一种反马克思主义思潮。

思考之四：20世纪以来实践中的社会主义都并非马克思所说的共产主义第一阶段，而是仍然处在共产主义第一阶段之前的一个比较初级的阶段，这样的社会主义实际上都是不合格的社会主义。我们今天常常讲的社会主义国家，这里的社会主义，其实并非共产主义第一阶段那样的"社会主义制度"的意思，而只是"向社会主义过渡"的意思。正如列宁在《论粮食税》中所说的那样：

"看来,也没有一个共产主义者否认过'社会主义苏维埃共和国'这个名称是表明苏维埃政权有决心实现向社会主义的过渡,而绝不是表明现在的经济制度就是社会主义制度。"①列宁的这句话对现实各个社会主义国家至今仍然具有重要的指导意义。苏联剧变、解体的悲剧再次说明,过渡时期是一条双行道,既可以通往社会主义,也可以通往资本主义。② 马克思所说的社会主义是在生产力高度发达基础上的社会主义,是实行社会所有制、没有商品货币关系、没有阶级和国家的社会主义。我们现在远远没有进入马克思所说的社会主义,因此,在现阶段存在多种经济成分和商品货币关系,并不违背马克思。马克思如果今天仍然在世,他也不会反对我们今天搞商品经济,因为我们今天的社会主义和他所讲的社会主义根本不是一回事。我们应该从理论上讲清这个逻辑关系。另外,按照马克思的观点,阶级的存在仅仅同生产发展的一定历史阶段相联系。而我们今天,不少学者只讲现阶段我国经济文化落后,对阶级和阶级斗争的话题却唯恐避之不及,这是不符合马克思主义逻辑的。讲阶级和阶级斗争并不是又要搞大规模的群众运动,但是,这个方面的问题不能不高度重视。苏联剧变、解体实质上就是苏联共产党人在同不拿枪的敌人进行的阶级斗争中吃了败仗。由此看来,马克思主义的阶级斗争学说和阶级分析方法仍然没有过时。

---

① 《列宁选集》第4卷,北京:人民出版社,1995年版,第490页。

② [美]保罗·斯威齐、[法]夏尔·贝特兰:《论向社会主义过渡》,尚政译,郑文华、马清槐校,北京:商务印书馆1975年版,第80、34-35页。

第八章

关于两个“30年”的关系和毛泽东的历史地位

实事求是不仅是我们党的思想路线，也是我们一切工作的根本指针。实事求是作为科学理论体系的精髓，具有普遍的方法论指导意义。分析现实，谋划未来，制定正确的路线、方针和政策离不开实事求是；回顾过去，评价历史，总结和探索科学的经验和规律也同样离不开实事求是。

历史评价本身其实并不是目的，它的目的在于，由此可以从前人那里得出一些可靠的经验和规律，以便使我们和子孙既不至于吃糊涂亏，也不至于占糊涂便宜。这就要求我们一定要以公正、客观的态度对待历史。所谓“公正”，就是既要对得起今人，又要对得起前人，同时还要考虑到后人；所谓“客观”，就是按照历史的本来面目做出评价，要经得住时间的推敲和实践的检验。而要公正、客观地对待历史，也就必须而且只能在历史评价中坚持实事求是。

一、当前历史评价中一个值得注意的问题

党的十一届三中全会开创了我国改革开放和社会主义现代化建设的新局面。30多年来，在马克思列宁主义、毛泽东思想和中国特色社会主义理论指引下，在党中央的坚强领导下，在全国各族人民的共同努力下，我国经济建设和其他各项社会事业都得到了

飞速发展。我国的社会生产力、综合国力和人民生活水平，上了一个大台阶。认真回顾这段光辉的历史，充分展示 30 多年来我们所取得的辉煌业绩，这对于我们进一步坚定信心，把建设有中国特色社会主义事业胜利推向前进具有极为重要的意义。然而，也确有这样一部分人，他们不是以实事求是的态度对待历史，以辩证的、科学的方法说明问题；而是要么肯定一切，要么否定一切。一方面，对改革开放 30 多年我们所取得的成绩进行不切实际的过高估计，既看不到我们的工作与发展目标的差距，也看不到我们面前仍然存在的诸多困难和问题；另一方面，又对新中国成立之后前 30 年的历史进行随意的歪曲和贬低，看不到这一时期党领导人民在艰难和曲折的探索中所获得的宝贵经验和成绩。在他们看来，似乎不这样做，就不足以充分说明三中全会的意义。这是很不严肃、很不负责任的，也是严重脱离历史和现实实际的，这样做的结果，决不能达到从中吸取经验教训的目的。对于这种错误认识，必须予以澄清和纠正，决不能谬种流传，听之任之。

习近平总书记 2013 年 1 月 5 日在新进中央委员会的委员、候补委员学习贯彻党的十八大精神研讨班开班式上指出：“我们党领导人民进行社会主义建设，有改革开放前和改革开放后两个历史时期，这是两个相互联系又有重大区别的时期，但本质上都是我们党领导人民进行社会主义建设的实践探索。中国特色社会主义是在改革开放历史新时期开创的，但也是在新中国已经建立起社会主义基本制度、并进行了 20 多年建设的基础上开创的。虽然这两个历史时期在进行社会主义建设的思想指导、方针政策、实际工作上有很大差别，但两者决不是彼此割裂的，更不是根本对立的。不能用改革开放后的历史时期否定改革开放前的历史时期，也不能用改革开放前的历史时期否定改革开放后的历史时期。要坚持实事求是的思想路线，分清主流和支流，坚持真理，修正错误，发扬经验，吸取教训，在这个基础上把党和人民事业继续推向前进。”①习近平总书记的讲话科学地回答了改革开放前后两个30年的关系问题，为我们正确认识和把握改革开放前后两个30年的关系、特别是客观全面地评价改革开放前30年的历史提供了重要的方法论启示。

二、关于新中国成立后前30年的历史

关于新中国成立后前30年的历史，我们党已经有过决议。1981年党的十一届六中全会通过的《关于建国以来党的若干历史问题的决议》明确指出：“中国共产党在中华人民共和国成立以后的历史，总的说来，是我们党在马克思列宁主义、毛泽东思想指导下，领导全国各族人民进行社会主义革命和社会主义建设并取得巨大成就的历史。”②我们建立和巩固了人民民主专政的国家政权；实现和巩固了除台湾等岛屿以外的全国范围的国家统一；战胜了帝国主义、霸权主义的侵略、破坏和武装挑衅，维护了国家的安全和独立；建立和发展了社会主义经济，基本上完成了对生产资料私有制的社会主义改造，基本上实现了生产资料公有制和按劳分配；工业建设取得重大成就，逐步建立了独立的比较完整的工业体系和国民经济体系；农业生产条件显著改变，生产力水平有了很大的增长；教育、科学、文化、卫生、体育事业都有很大发展；人民解放军得到壮大和提高，由单一的陆军发展成为包括海军、空军和其他技术兵种在内的合成军队；在国际上，始终奉行独立自主的外交方

① 《习近平谈治国理政》，北京：外文出版社，2014年版，第22－23页。

② 中共中央文献研究室：《三中全会以来重要文献选编》(下)，北京：人民出版社，1982年版，第794页。

针，在和平共处五项原则的基础上同全世界 124 个国家建立了外交关系，同更多的国家和地区发展了经济、贸易和文化往来。

需要说明的是，我国这个时期所取得的上述成就，完全是在独立自主、自力更生的基础上取得的，既无内债，也无外债；而且这样的成就是在西方帝国主义国家长期对我国进行政治孤立、经济封锁和军事威胁的非常不利的国际环境下取得的。诚然，这个时期广大人民群众的生活水平提高并不是很快，但这是为了我国的工业化和未来的长远发展在积累资金。这就好比一个刚刚从灾难中走出来的家庭，不能因为有了一点好收成就大吃大喝、挥霍浪费，而要首先考虑基础设施建设，先建好房屋，然后再逐步改善吃穿是一样的道理。

评价这段历史的一个关键问题，是要把“文化大革命”同“文化大革命”时期的历史区别开来。“文化大革命”的经验教训当然必须认真记取，但不能因为发生了“文化大革命”，就全盘否定“文化大革命”时期的历史乃至整个前 30 年的历史，广大人民群众仍然是这一历史时期社会实践活动的主体。

三、关于前 30 年与后 30 年的关系

有些同志贬低和否定前 30 年历史的主要依据，是拿前 30 年的生产力水平与今天相比，然后得出结论，说前 30 年的生产力水平是多么多么的低。前 30 年的生产力水平不高，这是客观事实；但因此贬低和否定前 30 年的历史也没有道理。历史是不能割断的，割断历史联系的对比就不会有说服力。

首先，从发展的结果看，这种对比实际上是在拿新中国建立 30 年时的生产力水平与新中国建立 60 年时的生产力水平相比。这同我们不能因为吃到第五个烧饼才填饱肚子，然后就说，早知如

此,就不该吃前四个烧饼是一样的道理。同样,如果有人要拿21世纪中叶基本实现现代化的生产力水平与今天相比,然后就贬低和否定新中国建立以来60年的历史,我们也决然不能同意。

其次,从发展的基础和条件看,后30年与前30年相比也已有了很大改变。一方面,从经验的角度看,后30年我们之所以能够取得如此巨大的成就,是因为我们已经有了进行社会主义革命和建设30年的历史和经验,这里当然包括成功的经验和不成功的经验,也就是说,正因为我们在前30年预交了学费,才有后30年的巨大发展。同时我们还借鉴了其他社会主义国家建设的经验和教训。而前30年我们是走俄国人的路,一切从头做起,基本上没有任何经验。另一方面,从物质技术的角度看,前三十年我们取得的成绩是以一穷二白为起点的。经过鸦片战争以来的100多年,整个中华民族已经是创伤满面,蒋介石在大陆上留给共产党的是一片废墟。新中国刚成立时,不要说制造飞机、大炮,就连日常生活用的钉子、火柴、煤油、脸盆也要进口,所以叫"洋钉""洋火""洋油""洋盆"。而后30年我们取得的巨大成绩则是以前30年的建设和发展为前提的。《关于建国以来党的若干历史问题的决议》明确指出,我们现在赖以进行现代化建设的物质技术基础,很大一部分是这个期间建设起来的,全国经济文化建设等方面的骨干力量和他们的工作经验,大部分也是在这个期间培养和积累起来的。[①] 这里,国际环境等方面的条件变化就不再一一谈到。

实际上,新中国建立以来前30年与后30年的关系,是一种后者对前者的继承、纠正和发展的关系。胡绳在1991年出版的《中国共产党的七十年》结束语中指出:"历史不能割断。近十三年是

---

① 中共中央文献研究室:《三中全会以来重要文献选编》(下),北京:人民出版社,1982年版,第804页。

和前二十九年分不开的。如果没有前二十九年的成就为基础，就不可能有近十三年的更高的成就。更重要的是，如果没有前二十九年的经验，就不可能在十一届三中全会后走上正确的道路。十一届三中全会后的路线、方针、政策是吸取了前二十九年的好的经验，也取鉴于前二十九年的反面经验，然后才能得到的。”①

我们也绝不是说，不能拿前 30 年与后 30 年相对比，而是说，这样的对比必须是科学的对比，决不能割断历史的联系，决不能对不同的历史时期作片面分析，更不能以这样的对比作为贬低和否定前一个历史时期的依据。事实上，前 30 年我们之所以没有能够取得本来应该取得的更大成绩，后 30 年我们之所以能够取得如此巨大的成绩，根本原因就在于指导思想方面的问题。问题是，只有在历史联系和全面分析基础上的科学对比才能说明这一问题。

四、关于改革开放以来历史的评价问题

党的十一届三中全会以来我们取得了举世瞩目的伟大成就，这是必须首先承认的。我国的经济实力上了一个大台阶，人民生活水平上了一个大台阶，综合国力上了一个大台阶。这是我们工作的主导方面，是问题的主流。但决不能因此而忽视我们工作中依然存在的矛盾、困难和问题。邓小平反复告诉我们，在经济文化落后的中国进行社会主义现代化建设，没有现成的经验可学，只能在干中学，在实践中摸索。要注意不断地总结经验，对的就坚持，不对的赶快改，不足的加点劲。他还说，十年来我们的工作也有失误，最大的失误是教育，思想政治工作薄弱，教育不够。目前，我们在前进的道路上还有不少矛盾和困难，工作中也有缺点和不足。

① 胡绳：《中国共产党的七十年》，北京：中共党史出版社，1991 年版，第 563 页。

主要是：经济下行压力较大，国民经济整体素质和效益不高，经济结构不合理的矛盾仍然比较突出，特别是部分国有企业活力不强；党风、政风、社会风气和社会治安的状况人民群众还不满意，贪污腐化、奢侈浪费等现象仍在蔓延滋长，官僚主义、形式主义、弄虚作假的问题较为严重；收入分配关系尚未理顺，地区发展差距还明显存在，城乡部分群众生活比较困难；食品安全、生态环境面临着巨大的压力；等等。

总之，在充分肯定巨大成绩这个主流的同时，也必须对存在的缺点、矛盾、困难和问题有足够清醒的认识。当然，这些都是发展中的问题，但决不能因为是发展中的问题就可以不加注意。

五、关于毛泽东的历史地位问题

关于如何科学地评价毛泽东，1981 年党的十一届六中全会的决议，即党的第二个历史决议《关于建国以来党的若干历史问题的决议》明确指出："新民主主义革命的胜利是无数先烈和全党同志、全国各族人民长期牺牲奋斗的结果。我们不应该把一切功劳归于革命的领袖们，但也不应该低估领袖们的重要作用。在党的许多杰出领袖中，毛泽东同志居于首要地位。""在一九二七年至一九四九年的二十二年中，毛泽东同志和党的其他领导人一道，克服重重困难，逐步制定和领导执行了使革命由惨重失败转为伟大胜利的总的战略和各项政策。如果没有毛泽东同志多次从危机中挽救中国革命，如果没有以他为首的党中央给全党、全国各族人民和人民军队指明坚定正确的政治方向，我们党和人民可能还要在黑暗中摸索更长的时间。""毛泽东同志是伟大的马克思主义者，是伟大的无产阶级革命家、战略家和理论家。他虽然在'文化大革命'中犯了严重的错误，但是就他的一生来看，他对中国革命的功绩远远大于他的过失。他的功绩是第一位的，错误是第二位的。”①

关于《历史决议》的起草工作，邓小平同志提出了三条原则，“第一，确立毛泽东同志的历史地位，坚持和发展毛泽东思想。这是最核心的一条。不仅今天，而且今后，我们都要高举毛泽东思想的旗帜……第二，对建国三十年来历史上的大事，哪些是正确的，哪些是错误的，要进行实事求是的分析，包括一些负责同志的功过是非，要做出公正的评价。第三，通过这个决议对过去的事情做个基本的总结。还是过去的话，这个总结宜粗不宜细。总结过去是为了引导大家团结一致向前看。争取在决议通过以后，党内、人民中间思想得到明确，认识得到一致，历史上重大问题的议论到此基本结束。”“总的要求，或者说总的原则、总的指导思想，就是这么三条。其中最重要、最根本、最关键的，还是第一条。”②邓小平同志还指出：“讲错误，不应该只讲毛泽东同志，中央许多负责同志都有错误。”“不要造成一种印象，别的人都正确，只有一个人犯错误。这不符合事实。”③他还说，搞错的也有我的份，不能把那时候的失误都归于毛主席。在这些问题上要公正。1978 年在中央工作会议上，邓小平指出：“毛泽东同志在长期革命斗争中立下的伟大功勋是永远不可磨灭的……没有毛主席就没有新中国，这丝毫不是什么夸张。毛泽东思想培育了我们整整一代人……没有毛泽东思想就没有今天的中国共产党，这也丝毫不是什么夸张。毛泽东思想永远是我们全党、全军、全国各族人民的最宝贵的精神

① 中共中央文献研究室：《三中全会以来重要文献选编》（下），北京：人民出版社，1982 年版，第 793、825 页。

② 《邓小平文选》第 2 卷，北京：人民出版社，1994 年版，第 291－293 页。

③ 《邓小平文选》第 2 卷，北京：人民出版社，1994 年版，第 296 页。

财富。”①

如何评价毛泽东，黄克诚大将在医院思考了三天三夜。他说：“毛主席去世，我深深地感到难过。虽然我自庐山会议以来一直蒙冤，但我们这代人的感情是超过一切个人恩恩怨怨的。他是中国最早的马列主义者之一，他创立了中国共产党和人民军队，为建立社会主义的新中国献出了自己的一切。他成功了，成了党和国家的领袖，全民爱戴的英雄。”“不管他晚年的失误有多么严重……毛主席创立的功绩，则是无人可以代替。”据此，他对毛主席作出了让世人折服的“七分功劳、三分过失”的评价。据一些参加这次中央工作会议的老首长讲：黄克诚同志的报告讲得很好，对毛主席的评价“三分过错，七分功劳’”，“三七开”使大家受感动，只有他讲才令人服仰。因为他挨整最多，受苦最长，却从不提个人恩怨。

开国大将罗瑞卿出狱的第一件事就是穿得整整齐齐，到天安门的毛主席像前立正站好，然后敬了个标准的军礼，第二件事就是回家为毛主席设立了灵堂，臂上带上了黑纱。他的女儿罗点点对此大惑不解，非常激动而又生气地质问她的爸爸：就是这个人让你蒙受了10多年的冤屈，就是这个人让你蹲进了秦城监狱，你人还没有到家，却还对他这么虔诚？你应该恨他！罗瑞卿不等女儿说完，立刻大声愤怒地说：“你小孩子懂什么？你有什么资格这么说？”这是女儿长这么大罗瑞卿第一次对她发这么大的火。罗瑞卿说：“毛主席对中国人民、对中国的革命和建设事业，奉献了他的一生，生前身后什么也没有留下，他是一个最伟大的人、最无私的人……”

我们再看看台湾学者李敖是如何评价毛泽东的。他认为，中华民族五千年的历史上，第一位巨人毫无疑问是毛泽东，因为他起

① 《邓小平文选》第2卷，北京：人民出版社，1994年版，第148－149页。

到了其他人无法代替的作用。他诞生的时代，中华民族正处于历史上的最低点，面临生死存亡的危急关头。众所周知，当时的世界上没有谁瞧得起中国人，“东亚病夫”和“华人与狗不得入内”成为中国人深切的耻辱和隐痛。正是毛泽东使中国站起来了，朝鲜战争使全世界都对中国刮目相看，从此中国人扬眉吐气。中国成为举世公认的世界军事强国。但中国成为世界军事强国，并不等于世界经济强国。20 世纪强国与弱国、富国与穷国的主要标志是工业化的程度。又是毛泽东使中国在短短 20 多年内走完了西方发达国家上百年才能走完的工业化道路，成为世界主要工业强国之一。到 1980 年，中国的工业规模已经超过世界老牌工业强国英法两国，直逼在西方强国中坐第三把交椅的西德。20 世纪 80 年代中期，中国的工业总产值跃居世界第三位。

李敖指出，目前许多人有一种错误认识，即认为毛泽东不懂经济，导致中国大陆的发展落后于同期的日本和“四小龙”。这是当今最大的谬误。首先，日本和“四小龙”的起点与中国不一样。日本在明治维新后就开始了工业化，到二战时，日本能够年产上万架飞机，而中国连一架飞机都不能制造。经过毛泽东时代的短短 30 年，中国实现了从农业国到伟大工业强国的历史性跨越。中国实行的是赶超战略，即瞄准西方先进的工业水平，别人有的我们要有，别人没有的我们也要有。到毛泽东去世前夕，几乎所有西方有的中国都有了。天上有喷气式飞机，地下有汽车、火车和轮船，卫星、导弹、原子弹样样俱全。而“四小龙”能造什么？它们是典型的殖民地经济，只能造服装鞋帽之类。它们赶上了冷战时期的好时光，那时西方殖民地各国的反帝独立斗争风起云涌，对西方来说，只有在美英刺刀保护下的“四小龙”才是安全的，因此投资都集中于它们，造成了它们的短暂繁荣。但它们没有发达的制造业和核心技术，繁荣根本长不了。20 世纪初期的阿根廷靠养羊也曾富得流油,但现在如何呢?冷战结束后,“四小龙”的经济发展很快陷入困境,而中国却仍在高速前进,因为中国有自己的制造业,几乎什么都能制造。而中国的工业化基础正是毛泽东为中国人民奠定的。诚然,毛泽东时代的中国人民生活水平提高得并不是很快,但这是为了筹集中国工业化的资金。在毛泽东时代,中国首先建立了大量的矿山、铁路,然后是钢铁厂,再以后是机械厂。当机械工业初具规模后,就可以建立各种轻纺厂、自行车厂、电视机厂,等等,以改善人民的生活。但毛泽东就在中国即将从积累时代转向消费时代的时刻离开了我们,没有看到人民生活获得极大改善那一天的到来。这是他一生的遗憾。而许多不明道理的人,却将毛泽东时代看成贫穷的时代。①

我们再来看看外国政要是如何评价毛泽东的。巴基斯坦前总理贝娜齐尔·布托说:“像毛泽东那样的人物,在一个世纪,也许一千年里只能产生一位。毫无疑问,毛泽东是巨人中的巨人。他使历史显得渺小。他的强有力的影响在全世界亿万男女的心中留下了印记。”委内瑞拉前总统查韦斯说:“我整个一生都是毛泽东的崇拜者。他的经典语录几乎每条我都能背得出,他是中国人伟大的舵手!”新加坡内阁资政李光耀说:“毛泽东最了不起的成就是敢于同强大的敌人做斗争,让中国人真正扬眉吐气。他的毅力,他远见卓识的战略论述,令人鼓舞。他切切实实为中国人民着想,解放了劳苦大众。”古巴国务委员会主席劳尔·卡斯特罗说:“毛泽东时代建立的中国天下无人可挡。他很了不起,中国人民不会忘记他,古巴人民也不会忘记他。”日本前首相福田康夫说:“无论对他做多么高的评价,都不过分!”美国前国务卿基辛格说:“女儿形容她崇拜的歌星能带来电磁般的冲击,我承认我没这种感觉;但

① http://wenku.baidu.com/view/f1b5b4b069dc5022aaea004a.html。

在毛泽东面前,他确实给了我这种感受。”瑞士联邦前主席格内吉说:“确切地说,他是一位举世无双的人物。”

中国特色社会主义事业的顺利发展,中国社会主义现代化事业的顺利发展,需要我们在新的历史条件下倍加珍惜毛泽东和毛泽东思想。正如郁达夫在悼念鲁迅时所说:一个没有英雄的民族,是一个毫无希望的生物之群;有了英雄而不去珍惜、爱护的民族,则是可怜的奴隶之邦。因此对于当前一部分人中间存在的全盘否定革命领袖的历史虚无主义思潮,我们决不能听之任之。

关于毛泽东和毛泽东思想的历史地位,习近平总书记明确指出:“马克思列宁主义、毛泽东思想一定不能丢,丢了就丧失根本。”①在2013年1月5日新进中央委员会的委员、候补委员学习贯彻党的十八大精神研讨班上的讲话中,习近平总书记通过苏联和中国对待自己领袖的不同态度导致的不同结果严肃指出:“苏联为什么解体?苏共为什么垮台?一个主要原因就是意识形态领域的斗争十分激烈,全面否定苏联历史、苏共历史,否定列宁,否定斯大林,搞历史虚无主义,思想搞乱了,各级党组织几乎没任何作用了,军队都不在党的领导之下了。最后,苏联共产党偌大一个党就作鸟兽散了,苏联偌大一个社会主义国家就分崩离析了。”②他还指出:“如果当时全盘否定了毛泽东同志,那我们党还能站得住吗?我们国家的社会主义制度还能站得住吗?那就站不住了,站不住就会天下大乱。”③

总之,我们回顾和评价历史,不是为了向后看,而是为了向前看;不是为了倒退,而是为了前进。只有认真地总结过去,才能充

---

① 《习近平谈治国理政》,北京:外文出版社,2014年版,第9页。

② 《十八大以来重要文献选编》(上),北京:中央文献出版社,2014年版,第113页。

③ 《十八大以来重要文献选编》(上),北京:中央文献出版社,2014年版,第113页。

分地认识现在；也只有认真地总结过去和充分地认识现在，才能更好地开辟未来。历史是不会重演的，然而历史有时也会有惊人的相似之处。对成功的经验，如果不能科学地总结，就不能充分利用；对不成功的经验，如果没有足够清醒的认识，那么这种错误就迟早还会以不同形式重新出现的。因此，能不能客观地、全面地、发展地、一分为二地看问题，实事求是地评价历史，不仅关系到我们得出的经验是否科学，而且关系到我们制定的路线、方针和政策是否正确；因为正确的路线、方针和政策的制定总是以实事求是地评价历史、科学地总结历史经验为前提的。由此看来，实事求是地评价历史，这的确是个有关党、国家、人民和社会主义前途命运的大问题。

能不能实事求是地评价历史是个方法论的问题，敢不敢实事求是地评价历史则是个世界观的问题，即对待历史的态度问题。我们敢于而且也能够实事求是地对待过去的问题和现在的成绩，这一点是已经被实践证明了的。那么，我们能不能够，敢不敢于实事求是地对待过去的成绩和现在的问题呢？这本来是一个早已在我们党的一系列报告和决议中比较好地解决了的问题，然而有些同志至今还不能、甚至不敢正视这个问题。这就要求我们不仅要做清醒的革命者，而且要做彻底的唯物主义者。彻底的唯物主义者是无所畏惧的，也只有彻底的唯物主义者才是不可战胜的。

关于实事求是地评价历史的重要性，苏联共产党已经为我们提供了前车之鉴。苏联剧变、解体就是从否定斯大林开始的。苏联共产党，从赫鲁晓夫到戈尔巴乔夫，由于一直没有能够、也不敢于实事求是地评价自己的领袖，从苏共二十大秘密报告否定斯大林开始，逐步发展到全盘否定苏联党领导人民在社会主义道路上艰难探索和团结奋斗的 70 年历史，最后导致否定和取消党的领导、苏联社会主义制度分崩离析。历史的教训值得认真记取。

第九章

我们为什么不能搞民主社会主义

最近一个时期，有人抛出所谓“只有民主社会主义才能救中国”的论调，并且说什么，只有民主社会主义才是“马克思主义的正统”，把无产阶级专政污蔑为“暴力社会主义”，他们的直接目的就是要否定和取消无产阶级专政。这种谬论在社会上广泛流传，并且由于他们还打着马克思主义的旗号，所以还具有很大的欺骗性，蒙蔽了不少干部和群众。对于这种谬论，我们决不能听之任之，而应当坚决揭露其反马克思主义的本质和颠覆社会主义国家政权的罪恶目的。

一、无产阶级专政是检验真假马克思主义的试金石

民主社会主义真的是“马克思主义的正统”吗？马克思主义真的可以不要无产阶级专政吗？

马克思主义是一个完整的科学思想体系，包括三个基本组成部分：马克思主义哲学、马克思主义政治经济学和科学社会主义。其中马克思主义哲学是整个马克思主义理论大厦的方法论基础；政治经济学是马克思主义理论的主要内容；科学社会主义则是马克思主义理论的目的和归宿，是整个马克思主义理论的核心部分。从狭义上讲，科学社会主义是马克思主义的三个组成部分之一；但

是，如果从广义上讲，科学社会主义就是马克思主义。[①] 因此，列宁曾经不止一次地把科学社会主义作为马克思主义的同义词来使用，在他看来，“科学社会主义学说，也就是马克思主义”[②]。由此可见，科学社会主义是在马克思主义整个理论大厦中较之于哲学和政治经济学更为重要的内容。[③]

马克思主义的科学社会主义理论，内容丰富而又思想深刻。比如，关于社会主义必然代替资本主义的理论，关于未来社会基本特征的理论，等等，都非常重要；但是，科学社会主义理论最为核心的内容，就是无产阶级专政的问题，这也是马克思主义创始人最为关注的问题，同其他各种社会主义流派展开斗争的焦点问题。无产阶级专政既然是科学社会主义的核心问题，自然也就是整个马克思主义理论的核心问题。可以说，无产阶级专政是马克思主义理论核心内容当中的核心问题。这是因为，科学社会主义理论中的其他任何问题，都绕不开无产阶级专政的问题。

在马克思主义创始人看来，社会主义必然代替资本主义，但是，怎样才能实现社会主义呢？具体道路分两步：第一步，先用暴力夺取政权，建立无产阶级专政；第二步，在无产阶级专政的保护和领导下，发展生产力，逐步过渡到没有阶级、没有国家的社会主义（即共产主义第一阶段）。马克思、恩格斯曾经无情地批判蒲鲁东、巴枯宁等无政府主义者放弃政治、废除国家的错误主张，指出：“获得胜利的政党如果不愿意失去自己努力争得的成果，就必须凭借它以武器对反动派造成的恐惧，来维持自己的统治。要是巴黎

① 高放等：《科学社会主义的理论与实践》（第4版），北京：中国人民大学出版社，2005年版，第5页。

② 《列宁全集》第6卷，北京：人民出版社，1986年版，第251页。

③ 高放等：《科学社会主义的理论与实践》（第4版），北京：中国人民大学出版社，2005年版，第5页。

公社面对资产阶级没有运用武装人民这个权威,它能支持哪怕一天吗?反过来说,难道我们没有理由责备公社把这个权威用得太少了吗?"①他们还指出:无产阶级专政"不过是达到消灭一切阶级和进入无阶级社会的过渡"②。也就是说,在从资本主义到无阶级的共产主义第一阶段(即社会主义)过渡的整个时期都必须是实行无产阶级专政的时期。在他们看来,离开无产阶级专政去谈消灭阶级,不是别有用心,就是天真的幻想。

也许有人还会提出这样的问题:马克思、恩格斯一直主张要消灭阶级、消灭国家,为什么又要强调建立无产阶级专政的国家呢?在他们看来,无产阶级革命的最终目的是要消灭阶级,进而消灭阶级统治的工具——国家,这是毫无疑义的。但是,它首先要通过实现社会变革,打碎资产阶级的国家机器,建立无产阶级专政,在消灭生产资料私有制和消灭阶级的基础上,实现国家的自行消亡。正如恩格斯指出的那样:"我们要消灭阶级。用什么手段才能达到这个目的呢?——无产阶级的政治统治。"③

无产阶级专政的理论是整个马克思主义理论的核心和灵魂,是检验真假马克思主义的试金石。正如列宁所指出的那样:"谁要是仅仅承认阶级斗争,那他还不是马克思主义者,他还可以不超出资产阶级思想和资产阶级政治的范围……只有承认阶级斗争、同时也承认无产阶级专政的人,才是马克思主义者。"④关于从资本主义向共产主义社会的过渡时期,马克思、恩格斯论述最多的就是无产阶级专政的问题。从某种程度上甚至可以说,马克思的过渡时期理论主要是关于无产阶级专政的理论。马克思把无产阶级

---

① 《马克思恩格斯选集》第 3 卷,北京:人民出版社,1995 年版,第 227 页。
② 《马克思恩格斯选集》第 4 卷,北京:人民出版社,1995 年版,第 547 页。
③ 《马克思恩格斯全集》第 17 卷,北京:人民出版社,1963 年版,第 449 页。
④ 《列宁全集》第 31 卷,北京:人民出版社,1985 年版,第 32 页。

专政看作自己对阶级和阶级斗争理论的主要贡献之一。列宁还把是否承认过渡时期的阶级斗争和无产阶级专政看作马克思主义与机会主义的原则区别,他指出:只有承认阶级斗争、同时承认无产阶级专政的人,才是马克思主义者。①

通过以上分析,不难看出,民主社会主义根本就不是什么马克思主义,而是一种打着马克思主义旗号的反马克思主义。

二、现阶段坚持无产阶级专政的理论依据

那么,我们现阶段可以按照民主社会主义所说的那样,取消无产阶级专政吗?

答案是否定的。在笔者看来,我们现阶段之所以不能取消无产阶级专政、不能搞民主社会主义,这是由现实我国社会所处的发展阶段及其基本特征决定的。

现实中国所处的发展阶段,即社会主义初级阶段,并不是马克思所说的共产主义社会第一阶段的初级阶段(即列宁所说的社会主义制度的初级阶段);而是仍然处在共产主义社会第一阶段(即社会主义)之前的一个阶段。这是因为在马克思、恩格斯、列宁看来,共产主义第一阶段(即社会主义)是已经不存在阶级、因而自然也没有了国家的。今天,经常有人以现实中仍然存在着商品经济、阶级和国家等为由,说马克思是空想的。这种说法其实是根本站不住脚的。实际上,现实中国的社会主义还不是马克思的共产主义第一阶段的初级阶段,因此在这样的阶段仍然存在商品货币关系、阶级和国家与马克思的学说并不矛盾。那么,现实中国的社会主义初级阶段究竟处在一个什么样的发展阶段呢?

---

① 《列宁全集》第31卷,北京:人民出版社,1985年版,第32-33页。

在我看来,我国的社会主义初级阶段,不应当理解为"共产主义第一阶段"那样的"社会主义制度"的初级阶段,而应当理解为"向社会主义过渡的初级阶段"。只有这样,才不仅符合马克思列宁主义的逻辑,而且符合现实中国的客观实际。这里的"社会主义"不应该理解为"共产主义第一阶段"那样的"社会主义"的意思,而应当理解为"向社会主义过渡"的意思。正如列宁所指出的那样:"社会主义"这个词,只是表明我们决心过渡到社会主义,而绝不是说我们现在的经济制度就已经是社会主义制度。因此我们同样可以说,现实中国的社会主义初级阶段只是表明:我们中国正处在向共产主义第一阶段过渡的初级阶段,而绝不是说我们已经处在共产主义第一阶段的初级阶段。因为20世纪以来现实各国的社会主义,包括中国的社会主义,都还远远没有完成马克思所说的过渡时期消灭阶级的历史任务,只不过仍然处在马克思和列宁所说的过渡时期的一个比较初级的阶段。我们并不反对把这样的阶段叫作社会主义,但必须从理论上说清楚,这是远未完成马克思说的过渡时期历史任务的社会主义,而根本不是马克思所说的共产主义社会第一阶段即列宁所说的社会主义。因为马克思所说的共产主义社会第一阶段即列宁说的社会主义是已经没有了阶级、国家、商品经济的社会主义,是已经实现了生产资料社会所有制的社会主义。

不过这里还需要说明的是:我们这里所说的"向社会主义过渡的初级阶段",这里的"过渡"也还不是马克思所说的以发达资本主义为起点的"直接过渡",而是列宁所说的以落后国家为起点的"迂回过渡"。因为20世纪以来首先走上向社会主义过渡道路的,都是经济文化相对比较落后的国家。因此,现实中国的社会主义初级阶段,不仅不是马克思的共产主义第一阶段的初级阶段,而且连马克思的直接过渡的初级阶段都谈不上,而是仍然处在列宁所说的迂回过渡的初级阶段。只有这样,才不仅符合马克思列宁主义的逻辑，而且符合现实中国的客观实际。也只有这样理解，才不仅能够科学地说明社会主义的中国为什么在许多方面还比不上资本主义的美国，而且能够科学地解释为什么现阶段仍然存在商品经济、阶级和国家。也只有这样理解，才能增强我们思想政治教育的说服力，克服和纠正理论与实践之间的严重错位，更好地建设中国特色的社会主义。

那么，在我国目前所处的向社会主义迂回过渡的初级阶段，究竟具有哪些最基本的特征呢？我认为，现阶段最基本的特征至少有以下两个：

首先，尽管我们已经有了新中国成立以来60多年的发展，但是，我国经济文化落后的状况尚未根本改变。正如中共十七大报告所指出的那样：进入新世纪新阶段，我国发展呈现一系列新的阶段性特征，主要是：经济实力显著增强，同时生产力水平总体上还不高，自主创新能力还不强，长期形成的结构性矛盾和粗放型增长方式尚未得到根本改变；社会主义市场经济体制初步建立，同时影响发展的体制机制障碍依然存在，改革攻坚面临深层次矛盾和问题；人民生活总体上达到小康水平，同时收入分配差距拉大的趋势还未得到根本扭转，城乡贫困人口和低收入人口还有相当数量，统筹兼顾各方面利益难度加大……正因为我们现阶段经济文化仍然比较落后，所以我们必须像列宁当年的新经济政策那样，实行改革开放，利用多种经济成分，利用商品货币关系，利用资本主义来发展社会主义生产力，逐步实现向社会主义的过渡。

但是，在马克思、恩格斯、列宁看来，自由贸易、企业出租、商品货币关系等等都是和资本主义联系在一起的。关于这一点，我们在前面已经说过。

但是，利用资本主义是有危险的。列宁对利用资本主义所带来的危险性，头脑始终是冷静和清醒的。他反复强调指出："这个新经济政策所采取的每一个步骤都包含着许许多多的危险。”①“不言而喻，资本主义关系的加强，其本身就是危险性的增强。”②

列宁在新经济政策时期的基本思路是这样的：第一，商品生产和商品交换、贸易自由、国营企业的出租等都是在实行利用资本主义的政策，都是允许资本主义的适当恢复和发展；第二，这些政策尽管都是和资本主义联系在一起的，然而在当时却是不可避免的；第三，利用资本主义是有危险的，减少这种危险性的唯一办法就是在利用的同时必须进行坚决的斗争。

其次，在马克思主义看来，阶级是个经济范畴。政治是经济的集中表现，这是马克思主义的一个基本原理。在我国经济文化仍然比较落后的情况下，从政治上来看，我们整个社会主义大厦的基础也就根本谈不上已经十分巩固，当然也就不可能消除资本主义复辟的危险性。加上利用商品货币关系、利用资本主义所带来的危险性的增强，再加上我们仅有的几个社会主义国家仍然处在世界资本主义包围之中，西方敌对势力和平演变社会主义国家的战略，仍在积极进行，因此现有的社会主义国家至今没有改变敌强我弱的不利地位。所以，对于现阶段依然客观存在的阶级斗争，决不能视而不见，避而不谈。贪污腐败、偷税漏税、国有资产严重流失、两极分化、假冒伪劣，等等，这些都是一定范围内阶级斗争的具体表现。特别要指出的是，在某些时期、某些领域、某些范围，阶级斗争在某种程度上还有可能激化，我们决不可掉以轻心。

总之，在现阶段无视客观存在的阶级斗争，取消无产阶级专政，其结果只能是重蹈苏东剧变的覆辙，走上复辟资本主义的道路。鼓吹民主社会主义者的险恶用心由此可见。

---

① 《列宁选集》第 4 卷，北京：人民出版社，1995 年版，第 608 页。
② 《列宁选集》第 4 卷，北京：人民出版社，1995 年版，第 607 页。

三、列宁新经济政策时期的政治思想不可忽视

对于列宁的新经济政策，我们往往只注意到了其经济方面的思想，而对其政治方面的思想却重视很不够。因此，列宁在十月革命后，特别是新经济政策时期在阶级斗争问题上的认识对我们今天就显得更加珍贵。

在夺取政权以前，无产阶级要通过革命推翻资产阶级的统治，建立自己的政治统治，这无疑是阶级斗争；那么，在无产阶级夺取政权以后，在无产阶级成为统治阶级以后，应当如何对待阶级斗争呢？在国际共产主义运动的历史上，第一个在实践中遇到并科学地回答这个问题的是列宁。列宁指出："在资本主义和共产主义之间有一个过渡时期，这在理论上是毫无疑义的。这个过渡时期不能不兼有这两种社会经济结构的特点或特性。这个过渡时期不能不是衰亡着的资本主义与生长着的共产主义彼此斗争的时期，换句话说，就是已被打败但还未被消灭的资本主义和已经诞生但还非常幼弱的共产主义彼此斗争的时期。"①因此，在列宁看来，无产阶级专政的建立不仅不是阶级斗争的结束，而且是阶级斗争的新形式、阶级斗争在新形式下的继续。列宁还把新经济政策当作一种特殊形式的阶级斗争，并且指出："租让也是一种斗争形式，是阶级斗争在另一种形式下的继续，而决不是用阶级和平来代替阶级斗争。"②"存在于我们中间的敌人就是无政府状态的资本主义和无政府状态的商品交换。必须清楚地了解斗争的这个实质，并且使广大工农群众清楚地了解斗争的这个实质：'谁战胜谁？

---

① 《列宁全集》第37卷，北京：人民出版社，1986年版，第263页。

② 《列宁全集》第41卷，北京：人民出版社，1986年版，第212－213页。

谁将取得胜利？'无产阶级专政是一场最残酷最激烈的斗争。"①他还指出："剥削者的反抗在他们被推翻之前就已开始，而由于他们被推翻则更加激烈起来。"②过渡时期的阶级斗争之所以最残酷、最尖锐，这是因为"从资本主义过渡到共产主义是一整个历史时代。只要这个时代没有结束，剥削者就必然存着复辟希望，并把这种希望变为复辟尝试"③。

总之，在列宁看来：无产阶级通过暴力革命推翻资产阶级、夺取政权是阶级斗争；在无产阶级夺取政权以后，在工作重心发生变化的条件下，经济建设和管理国家仍然是阶级斗争。形式虽然发生了变化，但阶级斗争的实质没有变。组织经济建设和对国家的管理不过是阶级斗争的新形式，国家资本主义是对资本主义进行斗争即利用、限制和改造的有效形式，从全民的计算和监督到国家资本主义商品交换以及国家调节商品买卖和货币流通都是如此，无产阶级专政不过是阶级斗争在新形式下的继续。如果因为斗争的形式发生了变化，看不到过去的敌人了，就以为阶级斗争消失了，那将是十分危险的。

列宁关于过渡时期，特别是新经济政策时期阶级斗争的思想，对于我们今天各个社会主义国家的改革和建设仍然具有重要的指导意义。列宁的这些思想已经被苏东剧变的铁的历史事实所证明。苏东剧变的实质就是这些社会主义国家在阶级斗争问题上吃了败仗，就是由于放弃无产阶级专政、淡化甚至取消阶级斗争所致。而放弃无产阶级专政，淡化甚至取消阶级斗争，告别革命，这也正是民主社会主义的核心观点。因此，苏东剧变就是民主社会

---

① 《列宁全集》第42卷，北京：人民出版社，1987年版，第188页。
② 《列宁全集》第37卷，北京：人民出版社，1986年版，第433页。
③ 《列宁全集》第35卷，北京：人民出版社，1985年版，第255页。

主义的破产，而搞民主社会主义，其结果不可能不滑向资本主义。

巴黎公社成功而又失败的经验教训，以及苏东社会主义国家成功而又失败的经验教训一再告诉我们：过渡时期是一条双行道，它既可以通往社会主义，也可以通往资本主义。在向社会主义过渡的时期，特别是在向社会主义迂回过渡的时期即利用资本主义的时期，必须高度重视而决不能淡化甚至人为地取消阶级斗争；必须始终坚持而不能放弃无产阶级专政。

一些人鼓吹民主社会主义，其实质和目的就是反对革命，取消阶级斗争，放弃无产阶级专政。苏东剧变的事实同时证明：告别革命，取消阶级斗争，放弃无产阶级专政，搞民主社会主义，只对资产阶级有利；而对于无产阶级和广大劳动人民来说，这样做无异于自取灭亡。

因此，所谓民主社会主义，并非社会主义的一种模式，它是资本主义病床边的医生，是一种改良的资本主义，披着社会主义外衣的资本主义。民主社会主义是只有利于资产阶级而不利于无产阶级的一种冒牌社会主义。民主社会主义根本就不是什么马克思主义，它和新自由主义、历史虚无主义、普世价值观一样，是一种反马克思主义思潮。

2012 年党的十八大报告明确指出：“中国特色社会主义，既坚持了科学社会主义的基本原则，又根据时代条件赋予其鲜明的中国特色。”①随后不久，习近平总书记进一步指出：“中国特色社会主义是社会主义而不是其他什么主义，科学社会主义基本原则不能丢，丢了就不是社会主义。”②这就明确告诉我们，中国特色社会主义，是以科学社会主义理论为指导的，这就从根本上同民主社会主义划清了界限。

---

① 《中国共产党第十八次全国代表大会文件汇编》，北京：人民出版社，2013 年版，第 12 页。

② 《习近平治国理政》，北京：外文出版社，2014 年版，第 22 页。

第十章

革命导师在社会主义运动低潮中

社会主义代替资本主义是个大尺度的历史进程,其间经历若干个革命高潮和低潮符合人类社会历史的发展规律。自《共产党宣言》问世以来,社会主义运动经历了大大小小的无数次高潮和低潮,在社会主义最终取代资本主义以前,出现若干个高潮和低潮仍然难以避免。这样,共产党人应该如何对待低潮,就成为社会主义运动能否从低潮走向高潮,并取得最终胜利的一个关键问题。特别是东欧剧变、苏联解体以来,社会主义虽然在一些国家仍展现出蓬勃的生机,但从运动整体来说,却处于前所未有的低谷,这个问题就显得更为突出。为了科学地解决这个问题,我们不妨回顾一下伟大的导师马克思、恩格斯、列宁是怎样对待这个问题的,以便从中得出一些有益的启示。

一、认真总结经验教训

在马克思主义看来,对于一个革命者来说,当革命因遭受挫折而暂时处于低潮时,首要的任务就是研究刚刚结束的革命的经验教训,从理论上进行总结和概括,为无产阶级和劳动群众的未来革命战斗锻造新的武器。他们把革命低潮当作一次难得的学习机会,认为即使是最惨痛的经历,即使是流血的败仗,也不是没有益处的,如果人民能从中吸取教训的话。恩格斯反复强调指出:“没有哪一次巨大的历史灾难不是以历史的进步为补偿的。”①“要获取明确的理论认识,最好的道路就是从本身的错误中学习,‘吃一堑,长一智’。”②“伟大的阶级,正如伟大的民族一样,无论从哪方面学习都不如从自己所犯错误的后果中学习来得快。”③

马克思和恩格斯一生曾经历过两次大的革命,然而都失败了。1848 年欧洲革命是一次资产阶级民主革命,马克思主义在刚刚发表的《共产党宣言》中所阐明的无产阶级革命学说在这次革命实践中得到了检验和证明。这次革命失败后,马克思和恩格斯为了总结经验教训,写了《中央委员会告共产主义者同盟书》《1848 年至 1850 年的法兰西阶级斗争》《德国的革命和反革命》《路易·波拿巴的雾月十八日》等一系列著作,提出了无产阶级专政、工农联盟等许多重要思想。

1871 年巴黎公社革命失败后,马克思发表了著名的《法兰西内战》,以无产阶级革命家的洞察力,深刻地阐明了巴黎公社的实质和伟大历史意义,对公社那些不太成熟的尚处于萌芽状态的宝贵经验,作了理论上的高度概括。他明确指出:“公社的真正秘密在于:它实质上是工人阶级的政府,是劳动者阶级同占有者阶级斗争的产物,是终于发现的可以使劳动在经济上获得解放的政治形式。”④公社失败的原因是多方面的,但最重要的一条就是缺乏一个以科学社会主义为指导思想的无产阶级政党的领导,而深受布朗基主义和蒲鲁东主义错误思想的影响。马克思和恩格斯根据公社的经验教训提出的在各个国家建立独立的工人政党的思想,

---

① 《马克思恩格斯全集》第 39 卷,北京:人民出版社,1974 年版,第 149 页。
② 《马克思恩格斯选集》第 4 卷,北京:人民出版社,1995 年版,第 679 页。
③ 《马克思恩格斯选集》第 4 卷,北京:人民出版社,1995 年版,第 432 页。
④ 《马克思恩格斯选集》第 3 卷,北京:人民出版社,1995 年版,第 58 – 59 页。

对19世纪70至80年代欧美地区广泛开展的民族国家范围内建立无产阶级政党的进程起了巨大的推动作用。

马克思和恩格斯总结经验有这样两个特点：一是着重于内因的分析，不过分强调外因的作用。他们认为，这两次革命的失败，固然有敌强我弱的原因，但如果由于敌人力量强大，革命就必然失败，那么革命就永无胜利之日。因此，他们特别注意从革命力量自身方面寻找原因。他们关于这两次革命的许多经验教训都是从自身方面总结的。二是着重于经济政治原因的分析，不过分夸大个人的作用。他们在总结1848年欧洲革命时，批判了那种把革命运动归咎于少数人的恶意煽动和某些个人思想、行为和动机的唯心主义历史观，明确指出："研究这次革命必然爆发而又必然失败的原因"，"不应该从一些领袖的偶然的动机、优点、缺点、错误或变节中寻找，而应该从每个经历了动荡的国家的总的社会状况和生活条件中寻找"。[①] 在此，马克思、恩格斯阐明了分析重大政治事件，最终只能以社会经济领域本身的发展变化为依据的重要思想。

这里要特别指出的是，1848年欧洲革命失败后，马克思和恩格斯在1849年至1850年上半年，曾一度认为新的革命高潮很快就会到来。1850年夏天，在研究了整个40年代欧美经济发展以后，他们得出了与过去完全不同的结论：认为导致1848年欧洲革命爆发的经济危机的后果已经完全消失，新的工业繁荣已经开始，新的革命高潮不会迅速到来，无产阶级也还没有成熟到可以夺取政权的程度。40多年后恩格斯对此作了坦诚的自我批评："历史表明，我们以及所有和我们有同样想法的人，都是不对的……在1848年要以一次简单的突然袭击来实现社会改造，是多么不可能

① 《马克思恩格斯选集》第1卷，北京：人民出版社，1995年版，第483页。

的事情。"①革命已经处于暂时低潮和为新的战斗积蓄力量的时期,他们坚决反对共产主义者同盟内部的冒险主义分子关于马上夺取政权的主张,认为在新的革命高潮到来之前,同盟盟员应该钻研革命理论。这是多么令人震惊和富于成果的发现!它的意义并不仅仅在于指出暂时根本谈不上革命运动的高涨,而是在于说明共产主义者同盟的战略和策略必须改变。

1848年以前,马克思和恩格斯曾把他们的主要注意力放在建立科学共产主义的哲学和历史方面。在革命风暴的那几年,他们又把力量集中在检验和继续发展自己的政治设想与无产阶级斗争的战略策略方面。而现在,他们的主要精力则集中在政治经济学的研究方面,力图进一步揭示导致资本主义产生、发展和灭亡的经济规律。《资本论》是全世界无产阶级进行革命战斗的又一新的锐利武器。从一定意义上说,如果没有这一策略的转变,就没有《资本论》的问世。

历史经验反复证明,只要认真总结经验教训,并真诚地从自己所犯错误的后果中学习,历史的错误将转化为历史的进步。而要真正做到这一点并不是那么容易的。这里不仅需要有科学的方法,而且更需要彻底唯物主义者的大无畏气魄和勇于自我解剖、自我批评的坦荡胸怀。只有这样,才能像马克思和恩格斯那样,敢于正视现实,承认错误,服从真理,并真诚地从自己的错误中学习,将历史的错误转化为历史的进步。

二、坚决同各种错误思潮作斗争

革命低潮时期,正是马克思主义面临严峻挑战的时期。这种挑战,不仅有来自资产阶级敌对势力的谩骂、封杀和追剿,就是在

① 《马克思恩格斯选集》第4卷,北京:人民出版社,1995年版,第512－513页。

革命阵营内部，也不乏形形色色的机会主义乘机向马克思主义发起的责难、歪曲和贬低，既有固守马克思主义创始人个别结论、脱离具体实际的“左”倾教条主义和冒险主义，也有为了眼前的暂时利益而背离马克思主义一般原理的右倾机会主义。总之，各种各样的机会主义都起着从内部分化、瓦解革命阵营的作用，其危害更大，对工人运动的破坏更容易。对机会主义和修正主义作任何让步，都意味着或迟或早将会极大地加深工人阶级的痛苦。斗争是客观存在的、不可避免的。这不仅是捍卫马克思主义的需要，也是捍卫工人阶级利益的需要，同时更是教育和引导群众、促进工人运动的内部团结和健康发展的需要。革命导师绝不是那种拿原则做交易的人，面对内外敌人的挑战和攻击，他们总是毫不犹豫地首先拿起批判的武器。

巴黎公社是无产阶级建立自己政权的第一次伟大尝试。这次革命失败后，资本主义开始了相对稳定的和平发展，从 1872 年至 1904 年，欧洲工人运动经历了一个相当长的沉寂时期。在工人运动的低潮时期，首先开始向马克思主义发难的是巴枯宁的无政府主义。他们反对一切国家，反对一切权威，反对一切政治斗争，其实质是否定巴黎公社的历史功绩和伟大意义，攻击无产阶级专政。马克思、恩格斯先后写作了《政治冷淡主义》《巴枯宁〈国家制度和无政府状态〉一书摘要》《总委员会关于继承权的报告》《论权威》《行动中的巴枯宁主义》和《关于工人阶级的政治行动》等一系列著作，从理论上清算了巴枯宁主义，捍卫了马克思主义的国家学说。1875 年，为反对德国工人运动内部两派为合并而起草的一个“会使党堕落”的纲领，马克思抱病写了《哥达纲领批判》，彻底批判了拉萨尔主义，全面阐述了过渡时期和共产主义社会发展阶段的理论。这时，又出现了妄图以所谓“最后的、终极的真理”取代马克思主义的杜林主义。杜林以“社会主义的行家”和“社会主义的改革家”自居，扬言要对哲学、政治经济学和科学社会主义进行“全面改革”。为了捍卫马克思主义学说，恩格斯不得不暂时放下自然辩证法的研究，来“收拾无聊的杜林”。他花了两年时间写的《反杜林论》，深入揭露和批判了杜林的伪科学，并对马克思主义的三个组成部分进行了系统总结。

恩格斯晚年在承担《资本论》第二、第三卷整理和出版的繁重任务的同时，继续同各种错误思潮进行不懈的斗争。针对法德两党为取悦农民而保护他们的私有制、违背社会主义原则的错误做法，恩格斯 1894 年写了《法德农民问题》，深入批判了两党土地纲领中的机会主义，阐明了马克思主义关于农民问题的基本原则和立场。面对资本主义和平发展时期出现的迷恋议会、放弃暴力的错误倾向，恩格斯写了《卡尔·马克思〈法兰西内战〉一书导言》《1891 年社会民主党纲领草案批判》《卡尔·马克思〈1848 年至 1850 年的法兰西阶级斗争〉一书导言》，无情地批判了第二国际，特别是德国社会民主党内日益滋长的机会主义，系统地阐述了马克思主义关于无产阶级革命的策略思想。恩格斯还在关于历史唯物主义的书信中，同把唯物史观庸俗化的行为进行了坚决的斗争，全面阐述了上层建筑与经济基础的辩证关系以及意识形态的相对独立性原理，保卫和发展了历史唯物主义。

1905 年爆发了俄国历史上第一次资产阶级民主革命，它结束了巴黎革命失败以来欧洲社会的“和平”发展时期。这次革命失败后，开始了俄国历史上的“斯托雷平反动时期”。这是革命的又一次低潮时期。在反动势力的高压政策下，俄国社会民主党内出现了主张取消党的秘密组织、实行合法斗争的“取消派”和主张召回杜马中的社会民主党人、拒绝一切合法斗争的“召回派”。列宁先后写了《取消取消主义》《秘密的党和合法的工作》《几个争论的问题》等文章，批判了这两种错误倾向，阐述了秘密组织和合法工作的相互关系,丰富和发展了马克思主义的策略思想。思想战线上的斗争也必然反映到哲学领域。以波格丹诺夫为代表的一批冒牌马克思主义著作家,打着“马克思主义”的旗号,向马克思主义哲学“讨伐”。为了捍卫马克思主义哲学的纯洁性,列宁1909年发表了《唯物主义与经验批判主义》,给予经验批判主义和哲学修正主义以毁灭性打击,系统阐述了辩证唯物主义和历史唯物主义,特别是马克思主义认识论的基本原理,极大地丰富和发展了马克思主义哲学。在1905年的革命失败后,列宁还先后写了《社会主义和宗教》《论工人政党对宗教的态度》《各阶级和各政党对宗教和教会的态度》,无情地揭露了寻神派和造神派企图用宗教来攻击马克思主义、反对无产阶级革命、破坏工人运动的阴谋,全面论述了无产阶级无神论和马克思主义政党对待宗教的态度。

这里之所以花费如此多的笔墨,就在于说明:一部马克思主义史,就是一部充满挑战和论争的历史,一部马克思主义在同资产阶级敌对势力以及形形色色的机会主义的斗争中不断前进的历史。特别是在革命遭受挫折、暂时处于低潮时,这种斗争就会显得更复杂、更激烈、更惊心动魄。

列宁在《马克思学说的历史命运》中,曾把同资产阶级敌对势力和形形色色的机会主义的斗争作为马克思主义发展起来的一条规律。自马克思主义问世以来,这场斗争就一直没有停止过,在共产主义社会最终实现以前,这场斗争也是决不会停止的。资产阶级敌对势力和形形色色的机会主义、修正主义曾经一百次、一千次地宣告马克思主义已被驳倒,可是直到现在,他们还在一百零一次、一千零一次地继续驳斥它。东欧剧变、苏联解体给了西方资产阶级敌对势力向马克思主义大泼脏水的可乘之机。他们大肆叫嚣“二十世纪是社会主义的终结”,“二十一世纪共产主义将不复存在”。但是马克思主义是科学、是真理。而科学和真理是颠扑不破的。世纪之交西方国家千年伟人的四次评选，马克思三次第一，一次第二，就足以说明这个问题。值得注意的是，这些评选不是在社会主义国家进行的，而是在资本主义国家进行的。这就充分说明，只要资本主义基本矛盾没有消灭，马克思主义就永远不过时。东欧剧变、苏联解体是修正主义的破产，而绝不是马克思主义的失败，不仅没有驳倒马克思主义，反而使马克思主义得到了新的证实。

列宁曾经指出，“反对帝国主义的斗争，如果不同反对机会主义的斗争密切联系起来，就是空话和谎言”①。在我们反对西方资产阶级敌对势力进攻的同时，决不能丝毫放松对社会主义阵营内部现代机会主义、修正主义的斗争。堡垒是最容易从内部攻破的。这一点已经在东欧剧变、苏联解体的历史悲剧中得到再一次证实。

马克思主义与反马克思主义、非马克思主义的斗争还远远没有结束，斗争正无穷期。

三、对前途充满信心

革命低潮时期，是革命最困难的时候，是对每个革命者考验的关键时期，也是革命阵营处于动摇、分化、瓦解和重新组合的时期。革命队伍中的一些意志薄弱者和不坚定分子，他们曾经在革命高潮时充满美妙的幻想，现在面对革命遭受的严重挫折、异常艰难的生存条件和反动派的气势汹汹，开始心灰意冷，悲观失望，或逃跑，或背叛，从此在历史前进的急流中沉沦下去。在革命低潮时期，真正的革命者和共产党人应该怎么办？在这方面，马克思、恩格斯、列宁树立了光辉的榜样。在无产阶级革命导师身上丝毫没有流露

① 《列宁选集》第2卷，北京：人民出版社，1995年版，第686页。

过小资产阶级的那种惊慌失措、垂头丧气和缺乏信心的情绪。相反,在这些艰难的时刻,在他们身上更加突出地表现出来的是革命乐观主义、钢铁般的毅力和坚不可摧的意志。在任何时候,哪怕是最可怕的时刻,他们都对未来革命的胜利深信不疑。

1848 年欧洲革命失败后,革命转入低潮。在这革命的转折关头,马克思、恩格斯一方面反对共产主义者同盟内要求马上夺取政权的冒险主义主张,正确地指出在欧洲工业普遍繁荣的情况下,根本谈不上什么真正的革命;另一方面,他们也坚决反对一些过去的革命者因革命的失败而灰心丧气,采取消极的随波逐流的态度。他们坚信,不管这次革命低潮将延续多长时间,“新的革命的来临像新的危机的来临一样是不可避免的”①。

1871 年巴黎公社革命失败后,马克思明确指出:公社虽然失败了,但“公社的原则是永存的,是消灭不了的;在工人阶级得到解放以前,这些原则将一再表现出来”②。其实,早在革命正在进行的时候,他们就已经清楚地预见到这次革命取得胜利的可能性非常小。但是,革命已经爆发,他们就毫不犹豫地站在巴黎工人阶级的一边。有些半心半意的人说,只有当取胜的一切先决条件具备时,才可以支持这种斗争。他们坚决反对这种人的论调,明确指出:“如果斗争只是在有极顺利的成功机会的条件下才着手进行,那末创造世界历史未免就太容易了……工人阶级反对资本家阶级及其国家的斗争,由于巴黎人的斗争而进入了一个新阶段。不管这件事情的直接结果怎样,具有世界历史意义的新起点毕竟是已经取得了。”③在他们看来,巴黎公社战士在那里做的是先驱者的

① 《马克思恩格斯全集》第 7 卷,北京:人民出版社,1959 年版,第 514 页。
② 《马克思恩格斯全集》第 17 卷,北京:人民出版社,1963 年版,第 677 页。
③ 《马克思恩格斯全集》第 33 卷,北京:人民出版社,1973 年版,第 210 – 211 页。

工作。所谓先驱者的工作,即是在新的土地上走着一条前人从未走过的路,其中包括要走弯路和错路,这是不得不付出的学费。

1905年的革命失败后,不久以前还在玩弄革命、高呼"打倒专制政府"的大部分知识分子,现在转到了黑帮分子方面去,或者完全放弃了政治。自由资产阶级变得更加反革命,它在对工人政党的斗争中比以前更加凶狠了,在一部分工人阶级中也开始有了一种消沉情绪。即使在布尔什维克党自己的队伍里也有不少在困难面前畏缩的动摇分子,有不少机会主义者。在反动势力猖獗时,只有列宁,只有真正的布尔什维克还高高举起革命的旗帜。在反动年代中,布尔什维克受到了沉重的打击,但是它并没有屈服。列宁在1906年春写道:"目前的相对平静时期不应该看成是革命力量的失败,而应该看成是聚集革命力量……的时期。"①他号召革命的同志要"相信自己的力量,相信胜利","不要灰心,我们一定会胜利,因为我们是正确的"。② 1913年列宁满怀信心地写道:"自马克思主义出现以后,世界历史的这三大时期中的每一个时期,都使它获得了新的证明和新的胜利。但是,即将来临的历史时期,定会使马克思主义这个无产阶级的学说获得更大的胜利。"③1917年十月革命后,当世界上第一个社会主义国家由于14个帝国主义国家的武装干涉和国内反革命的武装叛乱而陷于十分危急的情况下,列宁坚定地指出:"不论革命有什么样的困难,可能遭到什么样的暂时失利,不论反革命掀起什么浪潮,无产阶级的最终胜利是不可避免的。"④

革命导师之所以能够在即使是革命低潮的极沉闷的时期里,

---

① 《列宁全集》第12卷,北京:人民出版社,1987年版,第202页。
② 《斯大林选集》(上卷),北京:人民出版社,1979年版,第177页。
③ 《列宁选集》第2卷,北京:人民出版社,1995年版,第308页。
④ 《列宁选集》第3卷,北京:人民出版社,1995年版,第735页。

也对未来的革命前途充满必胜的信心，并以真正革命英雄主义的坚韧不拔的精神，号召工人阶级团结起来，把无产阶级革命的任务坚持到底，这主要缘于他们对世界历史发展的深邃洞察力，缘于他们对资本主义社会本质特征的科学把握和深刻认识。(1) 生产社会化的客观发展必然要求冲破资本主义生产资料私有制，代之以社会主义的生产资料公有制。社会主义代替资本主义是不可抗拒的人类社会发展的必然趋势。(2) 前进性与曲折性的统一是任何事物发展的基本规律。社会主义绝不是涅瓦大街的人行道。“设想世界历史会一帆风顺、按部就班地向前发展，不会有时出现大幅度的跃退，那是不辩证的，不科学的，在理论上是不正确的。”① (3) 把高潮和低潮看作革命事业发展的两种基本形式。高潮是一种量的积累的结果，是一种突变和飞跃；低潮是质变的必要准备，是一种渐变和量的积累的过程。革命低潮时期是为未来革命积蓄力量和准备新的武器的时期。(4) 不把暂时挫折当成最终结局，认为胜利只是一个时间问题。(5) 把挫折当作一种磨难和考验，当作一次人民经受锻炼和走向成熟的机会。正如马克思所说：“最好是把真理比作燧石，——它受到的敲打越厉害，发射出的光辉就越灿烂。”②

革命导师一生所经历的艰辛和苦难是常人所难以想象的。在资产阶级世界里，一个伟大的革命思想家的境况必然是极端困苦的。资产阶级社会不给他们最起码的生活、工作和创作条件，贫困的阴影时常紧紧相伴。马克思甚至穷到没有钱买邮票、有病无法买药、没有衣服出门和没有饭吃的地步。恩格斯甚至为了照顾马克思一家的生活，不得不暂时中断自己的研究工作而去从事“讨

① 《列宁选集》第 2 卷，北京：人民出版社，1995 年版，第 694 页。
② 《马克思恩格斯全集》第 1 卷，北京：人民出版社，1956 年版，第 69 页。

厌”的商业。列宁的巨著《国家与革命》是在匿居拉兹里夫车站附近草棚里的一块树墩上写成的。在黑暗的反动年代，他们还受到反动势力的联合围剿，不止一次地被流放、驱逐和逮捕。然而所有这一切都未能丝毫动摇他们为之献身的事业。而至于纷至沓来的各种攻击和诽谤，他们更是“把它们当做蛛丝一样轻轻抹去”，坚定地走自己的路。他们那种敢于战胜一切困难而不被任何困难所吓倒的钢铁般的意志仍然值得我们今天的每一个共产党人认真学习。

现在我们所处的时代与马克思、恩格斯、列宁相比已经有了很大的不同。社会主义已经不再是理论，而变成了活生生的实践；已经不再仅仅是理想，而化成了眼前的现实。《共产党宣言》问世以来的160多年，整个世界已经发生了翻天覆地的变化。资本主义的一统天下已经不复存在。自十月革命以来，人类社会已经进入了一个新的历史时代——由资本主义向社会主义过渡的历史时代，社会主义已经成为人类进步的一支重要力量。人类文明和社会发展已经前进了一大步。所有这一切都一再地使马克思学说的真理性得到证实。我们本应该对人类社会的美好未来更加充满信心。然而自东欧剧变、苏联解体以来，革命队伍中的不少人开始悲观失望，真是十足的近视。我们真有必要请这些人乘上飞机，站在高处，看看长江到底流向何方。而对于那些真正的革命者和共产党人，我们应该把马克思在1860年致约翰·菲力普·贝克尔的信中的一段话送给他们：“我至今始终确信，凡是真正坚强的人……一经踏上革命的道路，即使遇到失败，也总是能从中汲取新的力量，而且在历史的洪流中漂游得愈久，就变得愈坚决。”①

① 《马克思恩格斯全集》第30卷，北京：人民出版社，1974年版，第522页。

四、结合新的实际，丰富和发展马克思主义

革命低潮时期，是社会发生深刻变动的历史转折时期，也是新时代的新矛盾和新问题不断向马克思主义提出严峻挑战的历史时期。革命导师从来不是那种思想封闭、拒绝接受新事物的人。相反，他们总是把革命低潮看作理论发展的大好契机，密切关注新的社会实际，勇敢地迎接新的时代挑战，推动自己的理论随着时代发展而发展。

19 世纪 70 年代以后，西方无产阶级革命处于暂时低潮，东方社会反殖民统治的斗争日渐高涨，如何看待西方无产阶级革命与东方革命之间的相互关系，就成为无产阶级革命亟待解决的重要问题。马克思、恩格斯晚年视线东移，对东方社会发展道路问题进行了探讨。他们在欧美学者关于人类史前史和前资本主义社会形态研究成果的基础上，突破了 50 年代关于“东方国家或迟或早将走上资本主义发展道路”的看法，批判了西方学者在东方社会问题上的“西方中心论”，提出东方社会落后国家不一定走资本主义道路而通过汲取资本主义制度的一切肯定成果，超越资本主义制度的“卡夫丁峡谷”的可能性，形成了著名的“东方社会理论”。历史的发展尽管没有实现上述可能性，但这一探索解决了社会发展中一般规律与特殊规律的关系问题，深化了唯物主义历史观中关于社会形态学说的认识，是对世界无产阶级革命战略思想的重大发展，极大地丰富了马克思主义的哲学内容。20 世纪的社会主义革命首先在经济文化落后的东方国家取得胜利，充分说明了马克思、恩格斯东方社会问题研究的理论意义。

19 世纪末 20 世纪初，资本主义由自由竞争发展到垄断阶段。时代的变化，使马克思主义面临着一些亟待解决的新问题。首先，

由于资本主义经济的暂时繁荣，特别是由于卡特尔、辛迪加、托拉斯等垄断组织的出现，资本主义经济制度固有的矛盾得以暂时缓解，资本主义经济迅速增长。这就造成一种假象：似乎资本主义基本矛盾已经“消失”，马克思关于资本主义发展历史趋势的理论已经成为一种“假说”；其次，在资本主义相对稳定的和平发展时期，无产阶级的“合法”斗争，特别是议会斗争取得了很大胜利。这也造成了一种假象：似乎马克思主义关于阶级斗争、无产阶级革命的理论已经“过时”；同时，由于各国资产阶级的收买政策，工人运动中一些“领袖”和“理论家”蜕变为工人贵族，丧失了革命斗志。① 在第一次世界大战爆发后，他们纷纷支持本国资产阶级政府的战争政策，堕落为修正主义和社会沙文主义者。

在这一时期，首先站出来试图对上述问题作出回答的是伯恩施坦。不过，他并没有坚持马克思主义，而是背离了马克思主义。他借口时代的“新变化”，宣布马克思主义一系列基本原理已经“过时”，并在“发展”马克思主义的旗号下，否定马克思主义在新时代的科学性及其对工人运动的指导意义。面对伯恩施坦的挑战，一大批马克思主义理论家，如倍倍尔、卢森堡、梅林、拉法格、普列汉诺夫等，都为捍卫马克思主义做出了重大贡献。不过，他们对伯恩施坦的批判还只局限于理论范围，基本上还限于重复马克思的理论，只限于简单地阐述马克思主义的基本原理和指出伯恩施坦的背叛，还不能把坚持马克思主义与发展马克思主义结合起来，依据马克思主义基本原理对新的时代特征作出科学的说明，因而还不能彻底战胜修正主义，修正主义在工人运动中一度占据上风。真正克服上述局限，完成这一历史任务的是列宁。列宁依据马克

① 中国人民大学马列主义发展史研究所：《马克思主义史》第2卷，北京：人民出版社，1995年版，第1－2页。

思主义基本原理,紧紧把握时代发展的脉搏,密切关注资本主义经济的新变化,经过长期的悉心观察和艰苦努力,写出了著名的《帝国主义是资本主义的最高阶段》(即“帝国主义论”),深刻揭示了资本主义发展新阶段的本质特征及其发展趋势,把马克思主义推进到了一个新阶段——列宁主义阶段,从而真正捍卫了马克思主义,彻底战胜了修正主义。

160多年来,在社会意识形态领域曾先后出现过形形色色的理论,然而大多或迟或早地退出了历史舞台。唯有马克思主义永葆青春的生机和活力,指导着无产阶级及其政党不断地把革命和建设事业推向前进。为什么呢?因为马克思主义是一个科学的、开放的思想体系,能够随着实践的发展而发展,是与时俱进的理论。马克思主义并没有结束真理,它只是为我们开辟了认识真理的道路。这种理论绝不是某种一成不变的和神圣不可侵犯的东西;恰恰相反,它只是给一种科学奠定了基础。如果我们不愿意落后于实际生活,就应当在各方面把这门科学推向前进。只有把坚持马克思主义与发展马克思主义结合起来,既坚持马克思主义的基本原理,又善于与时代同呼吸,努力回答新时代的新问题,才能真正达到发展马克思主义的目的。

发展马克思主义,需要防止这样一种错误的倾向,那就是:认为马克思主义既然需要发展,就不需要再认真学习马克思主义经典著作了,这是不对的。发展马克思主义必须以坚持马克思主义为基础,离开坚持就根本谈不上发展,而只能是否定。发展马克思主义必须与马克思主义经典作家的思想保持逻辑上的一脉相承,而绝不是另起炉灶、另搞一套。①

---

① 卫兴华、赵家祥:《马克思主义基本原理概论》,北京:北京大学出版社,2008年版,第31页。

自列宁的"帝国主义论"问世以来的100年,整个世界发生了翻天覆地的变化。资本主义的一统天下已被打破,帝国主义的殖民体系已经土崩瓦解。社会主义从理论到实践、从一国到多国、从武装夺取政权到和平组织经济文化建设,取得了长足发展,显示出蓬勃的生机和活力。然而,在20世纪的最后十年,世界社会主义运动又处于前所未有的最低潮。我们现在同样处在一个新的世纪之交,这也同样是一个世界正在发生深刻变动的历史转折时期,就这次变动的深度和广度而言,绝不亚于上两个世纪的交替之际。马克思主义在当今世界同样面临着迫切需要回答的高难度时代课题。

(1) 经济全球化已经成为不可阻挡的历史趋势。如何看待经济全球化的本质及其发展趋势? 在资本主义经济、科技、军事仍占优势的情况下,社会主义怎样才能在全球化中立于不败之地并最终战胜资本主义?

(2) 资本主义在20世纪曾一度处于"垂死"状态,尔后又起死回生,至今仍然具有生命力,如何看待当今资本主义的新变化及其发展趋势?

(3) 社会主义在20世纪曾一度取得辉煌的历史性成就,尔后除少数国家外,大部分又退回到资本主义。经济文化落后国家的社会主义革命究竟是历史的必然还是历史的误会? 经济文化落后国家能不能建成社会主义?

(4) 20世纪没有一个西方发达资本主义国家的无产阶级通过自身斗争取得政权。西方发达国家的无产阶级如何取得政权、由资本主义过渡到社会主义?

(5) 仍然坚持走社会主义道路的经济文化落后的国家应该如何建设社会主义? 如何巩固和发展社会主义?

正确地回答这些问题,既是时代向马克思主义提出的严峻挑战,也是马克思主义发展和开拓新局面的大好机遇。

第十一章

“两个必然”的理论证明、历史证明、现实证明

社会主义必然代替资本主义，这是早已被马克思主义创始人科学证明了的问题。然而，20世纪80年代末90年代初，随着苏东剧变、苏联解体，世界社会主义运动陷入前所未有的低潮，国内、国外有不少人纷纷说什么“社会主义不行了”“马克思主义不灵了”；资产阶级代理人、日裔美籍学者法兰西斯·福山也公开宣称什么“20世纪将是人类历史的终结”。一时间，大有黑云压城城欲摧之势，社会主义究竟还能不能代替资本主义——这个早已被马克思主义创始人科学解决了的问题——似乎真又成了一个新问题。加上改革开放以来社会上一些消极现象的出现，在相当一部分人中间，怀疑“两个必然”、不相信社会主义未来的情绪在不断蔓延。因此，在今天，根据新的情况进一步说明社会主义能否代替资本主义的问题，就显得尤为重要。这不仅是为广大群众解疑释惑的需要，而且是保证改革开放和中国特色社会主义事业沿着科学、正确的方向前进的需要。

一、理论证明

众所周知，马克思、恩格斯在《共产党宣言》第一章末尾得出了一个结论：“资产阶级的灭亡和无产阶级的胜利是同样不可避

免的。”这就是我们经常谈到的著名的“两个必然”。

马克思之所以科学地解决了社会主义代替资本主义的历史必然性问题，是因为它从根本上超越了空想社会主义。第一，从方法论的角度看，空想社会主义仍然是以唯心史观为基础的，在他们那里，社会主义还只停留在对无产阶级的同情和对资本主义制度的痛恨，是以理性原则为基础，从道德感情出发，从头脑中主观臆造出来的；而在马克思这里，社会主义却是以唯物史观为基础的，是资本主义经济合乎规律发展的必然结果。第二，从依靠力量来看，空想家寄希望于个别天才人物的出现，因此找不到实现社会主义的依靠力量；而在马克思主义创始人这里，社会主义的实现依靠的是成千上万的无产阶级大众，他们和先进的生产力联系在一起，是最具有革命彻底性和远大前途的阶级。第三，从社会主义的实现途径来看，空想家们幻想通过阶级合作来实现社会主义，反对无产阶级革命和无产阶级专政，找不到实现社会主义的正确途径；而在马克思主义创始人这里，社会主义的实现必须通过无产阶级革命和无产阶级专政。

马克思的“两个必然”之所以是客观规律和必然趋势，这是资本主义经济运动规律作用的必然结果，是由资本主义的基本矛盾决定的。

19 世纪 30—40 年代，资本主义大工业得到迅速发展，这就使得马克思能够充分认识到生产力在人类社会发展中的决定性作用，并进而提出生产力决定生产关系、经济基础决定上层建筑这一人类社会发展的基本规律。人类社会之所以能够不断从低级向高级发展，归根到底是由生产力的发展决定的。这就是人类社会发展的一般规律，即马克思的第一个伟大发现。

然后，马克思运用人类社会发展的一般规律去研究资本主义社会发展的特殊规律，并进而认识到生产的社会化与生产资料的资本主义私人占有之间的矛盾是资本主义的基本矛盾，是资本主义社会一切矛盾和冲突的总根源，认识到追求剩余价值是资本主义生产的绝对规律，提出了剩余价值学说，即马克思的第二个伟大发现。

按照马克思主义创始人的逻辑，生产关系必须适应生产力发展状况的规律是人类社会发展的基本规律。原始社会解体以后，奴隶社会和封建社会都是私有制社会，这种私有制的生产关系在一定时期内和一定程度上是同当时低水平的生产力基本适应的；当然，随着生产力的不断发展，这种基本适应就逐渐变得不适应了，所以，封建社会代替了奴隶社会，是一种新的地主土地私有制形式代替了旧的奴隶主私有制形式。那么，既然封建社会代替奴隶社会是以一种私有制形式代替另一种私有制形式，为什么社会主义代替资本主义，却是以公有制代替私有制呢，而不是以一种私有制代替另一种私有制呢？这里起决定作用的正是生产力的水平和性质。在资本主义以前的奴隶社会和封建社会，都是低水平的生产力，是小生产；而进入资本主义社会以后，生产力的性质发生了根本变化，生产力已经由过去的小生产变成了社会化的大生产。蒸汽机的发明和电力的广泛应用，工业、商业、航海业和铁路的拓展，世界市场的开辟，使社会生产力仿佛用法术一样从地下被呼唤出来。“资产阶级在它的不到一百年的阶级统治中所创造的生产力，比过去一切世代创造的全部生产力还要多，还要大。”①生产力已经变成了社会化的大生产，然而，在生产关系方面，仍然沿袭了过去只有与小生产才基本适应的私有制内容，只是改变了私有制的形式而已，由资本家的资本私有制代替了过去的地主土地私有制。而这种生产

① 《马克思恩格斯选集》第1卷，北京：人民出版社，1995年版，第277页。

资料的资本家私有制从一开始就与社会化的大生产是根本不相适应的。这样一来,社会化的大生产与生产资料的资本主义私有制形成了一对不可调和的内在矛盾。生产的社会化与生产资料的资本主义私有制的基本矛盾,又进一步在经济上表现为:个别企业生产的有组织性与整个社会生产的无政府状态之间的矛盾,生产无限扩大的趋势与劳动人民有支付能力的需求不足之间的矛盾,资本主义基本矛盾在生产上表现出来的两对矛盾必然导致频繁爆发的经济危机。经济危机表明资本主义生产关系与生产力的对抗性质,这种对抗性的矛盾是资本主义制度本身所无法解决的,解决这种对抗性矛盾的唯一出路就是消灭私有制、实行公有制;资本主义的基本矛盾,由于资本积累导致的两极分化,所以在阶级关系上,必然表现为无产阶级与资产阶级之间的矛盾和对立,导致无产阶级通过革命推翻资产阶级统治,变生产资料私有制为生产资料公有制。公有制最终代替私有制之时,就是社会主义最终代替资本主义之日。所以,社会主义代替资本主义,这是不以任何人的主观意志为转移的客观规律和必然趋势。

正如马克思、恩格斯所说:“生产力已经强大到这种关系所不能适应的地步,它已经受到这种关系的阻碍。”“资产阶级的关系已经太狭窄了,再容纳不了它本身所造成的财富了。”资产阶级创造了巨大的生产力,但是又无力驾驭这个巨大的生产力。所以,“资产阶级用来推翻封建制度的武器,现在却对准资产阶级自己了”①。因此,资产阶级的灭亡和无产阶级的胜利是同样不可避免的。

① 《马克思恩格斯选集》第1卷,北京:人民出版社,1995年版,第278页。

二、历史证明

“两个必然”的客观规律和历史趋势,不仅是早已被马克思主义创始人从理论上科学地解决了的问题,而且也是早已被资本主义发展300多年的历史实践所反复证明了的问题。

历史证明之一:频繁爆发的经济危机

自资本主义生产方式产生以来,已经经历了无数次的经济危机。资本主义早期以及自由竞争时期发生过的经济危机主要有:1788年、1793年、1797年、1803年、1810年、1815年、1819年、1825年、1847年、1857年、1873年等几次大的经济危机。19世纪末20世纪初,资本主义由自由竞争进入垄断阶段以后发生过的经济危机主要有:1882年、1890年、1900年、1907年、1920—1921年经济危机、1929—1933年世界经济危机、1964—1969年经济危机。二战后,除了几次规模较大的世界经济危机外,各国还发生了参差不等的局部性经济危机,如美国有1848—1849年、1953—1954年、1960—1961年、1969—1970年等;日本有1954年、1962年、1965年、1970—1971年等;英国有1951—1952年、1961—1962年、1966年等;联邦德国有1952年、1961年、1971年等①。之后有1973—1974年第一次石油危机、1978—1980年第二次石油危机、20世纪80年代的拉美国家债务危机、1987年世界金融危机、1994年墨西哥金融危机、1997年东南亚金融危机以及2007年由美国次贷危机引发的全球金融危机。② 经济危机给资本主义制度带来沉重打

① 黄茂兴、叶琪:《近代以来世界性经济危机爆发的主要特点及成因分析》,载《当代经济研究》2010年第3期。

② 朱炳元、徐璐:《资本主义发展史上的历次经济(金融)危机》,载《毛泽东邓小平理论研究》2010年第3期。

击，它使资本主义经济陷入一片混乱之中，对社会生产力造成严重破坏。经济危机使资本主义“社会突然发现自己回到了一时的野蛮状态；仿佛是一次饥荒、一场普遍的毁灭性战争，使社会失去了全部生活资料；仿佛是工业和商业全被毁灭掉了”①。

关于经济危机的实质和根源，一些资产阶级学者由于其阶级立场和思想方法的限制，他们不能也不愿揭示经济危机的实质和根源，他们把经济危机的原因解释为不当的政策或具体的经济运行机制的偶然失误或外部因素的冲击。他们只是看到了经济危机的表面现象，而根本没有看到经济危机的实质和根源。在马克思主义看来，经济危机的实质是资本主义的制度危机，其根源正在于资本主义制度本身，在于资本主义制度的基本矛盾。经济危机是资本主义制度的一种不治之症，是资本主义制度自身所无法克服的。一旦着手克服经济危机，就必然要求消灭私有制、代之以公有制，消灭资本主义、代之以社会主义。因此，社会主义代替资本主义，这是不以任何人的主观意志为转移的客观规律。

历史证明之二：资本主义生产关系的四次调整

资本主义制度产生初期，基本上都是单个私人资本私有制，这是真正意义上的资本家私有制。一个资本家，即使只有 30 万、50 万的资本，也会单独建立一个企业。但是，这种单个资本家所有制，由于资金有限，没有可能采纳最新的先进技术，产品的市场竞争力不强，难以抵御激烈的市场冲击，所以每年都会有大量的企业破产倒闭。激烈的市场竞争，使单个私人资本家认识到，要想在激烈的市场竞争中生存下来，避免破产倒闭的命运，只靠单个资本的力量是远远不够的，必须联合起来。于是，出现了几个单个资本联合的形式，即股份制。从单个私人资本到股份制，这是资本主义生

① 《马克思恩格斯选集》第 1 卷，北京：人民出版社，1995 年版，第 278 页。

产关系的第一次调整。股份制，与单个私人资本相比，已经不像私有制，而更像是公有制。难怪今天一些人要把股份制说成公有制，或公有制的实现形式。（股份制仍然是以私有制为基础的，它不过是从资本主义私有制向社会主义社会的公有制中间的一个过渡点，此不赘述。）股份制与单个私人资本相比，资本力量更加雄厚，易于采用新技术，商品在市场上也有了更强的竞争力。合伙入股的单个私人资本家，较之于过去的单打独斗，也获得了更多的利润。于是，单个私人资本家就会竞相效仿，股份制的这种资本形式就会越来越普遍。原来单个私人资本之间的竞争，现在变成了股份制与股份制之间的竞争。这样一来，资金和技术力量较薄弱的股份制企业在日趋激烈的市场竞争中又不可避免的破产倒闭了。现在股份制形式的资本也于事无补了。日趋激烈的市场竞争，迫使资本家不得不采取措施实行进一步的联合，于是垄断出现了。某个行业的所有资本家企业为了保护本行业的利益进一步联合起来，制定协议，对进入本行业的原材料要求统一实行垄断低价，对本行业出卖的商品要求统一实行垄断高价。这样，实行了垄断的行业、地区或部门的资本家企业就获得了垄断利润。从股份制到垄断，这是资本主义生产关系的第二次调整。股份制本来就已经不像私有制了，现在的垄断，由于更高程度的联合，就更加不像私有制了，离真正意义上的私有制越来越远。但是，垄断的出现，并没有消除竞争，反而加剧了竞争。最初是单个私人资本之间的竞争，后来是股份制之间的竞争，现在是垄断与垄断之间的竞争。竞争的结果是，一些垄断行业或部门败给了另一些垄断行业或部门。现在是垄断也不行了。于是，一些垄断组织为了保护自己的利益，不得不求助于国家或政府部门，与国家或政府部门采取进一步的联合，或者是以政府颁布法令的形式，或者是以政府部门出资的形式，这样就形成了国家垄断。从垄断到国家垄断，这是资本主义生产关系的第三次调整。为了保护本国资本的利益,国家与国家之间也开始了联合,这样就形成了国际垄断组织。从国家垄断到国际垄断,这是资本主义生产关系的第四次调整。

综上所述,不难看出:一部资本主义发展史,既是一部生产力迅速发展的历史,也是一部资本主义生产关系不断调整的历史,更是一部资产阶级面对迅速发展的生产力不断妥协、退让的历史。资本主义生产关系的四次调整,使得资本主义的生产资料所有制越来越不像私有制,越来越像公有制,离私有制越来越远,而离公有制越来越近。这充分说明:资本主义的生产资料所有制,正在朝着马克思所说的社会所有制,即公有制的方向一步步地靠近。这是不以任何人的主观意志为转移的客观规律。当社会所有制(即公有制)最终代替私有制之时,就是社会主义最终取代资本主义之日。所以,社会主义最终代替资本主义,这是不以任何人的主观意志为转移的客观规律和必然趋势。

三、现实证明

现实证明之一:金融危机深不见底

正当西方资本主义国家的统治者为苏东剧变、苏联解体而弹冠相庆、幸灾乐祸的时候,一场席卷全球的金融危机爆发了。这次由美国次贷危机引发的全球金融危机,其波及范围之广、持续时间之长、破坏性之强、影响之深远,都远远超过了历史上的任何一次经济危机。这次金融危机目前已使世界大多数国家深陷其中,全球经济严重衰退。这次金融危机自2007年爆发以来,已经是第10个年头,目前仍然看不出任何消退的迹象。

金融危机是经济危机发展的新阶段,是世界科技革命进入信息技术时代的经济危机的新的表现形式。因此,金融危机的实质就是经济危机,就是资本主义的制度危机。金融危机的根源绝不是有些人所说的那样是什么金融家的贪婪、银行监管制度的缺失、公众消费信心不足,等等,而是资本主义的私有制。金融危机是由资本主义制度造成的,是资本主义基本矛盾进一步激化的必然产物。只要资本主义制度存在,只要资本主义的基本矛盾存在,经济危机就不可避免。金融危机进一步有力地说明《资本论》、“帝国主义论”决没有过时,帝国主义就是寄生的、腐朽的、垂死的资本主义仍然是科学的论断。因此,只有消灭资本主义制度,消灭资本主义私有制,才能从根本上最终避免经济危机。全球金融危机再一次证明了资本主义的历史暂时性和社会主义的历史必然性。

现实证明之二:《资本论》成为畅销书

随着金融危机的爆发,出现了两个出乎人们预料的现象:一个是新自由主义经济学家集体失语,另一个是马克思的《资本论》重新畅销。

面对金融危机的冲击,西方资产阶级政治家一筹莫展,不得不求助于马克思的《资本论》,从《资本论》中寻找走出金融危机的办法。就连德国的财政部长、法国的总统都成了马克思的粉丝。《资本论》在西方甚至成为圣诞节的最佳礼物。据报道,《资本论》在全球许多国家的销量成倍增长。英国媒体甚至开玩笑称:如果马克思还在世的话,《资本论》的巨额版税收入会让他轻松进入福布斯富豪榜。

为什么在马克思去世一个多世纪以后,他的《资本论》突然又成为畅销书了呢?这是因为,早在100多年以前,马克思就对资本主义的病理做了至今仍然是最好最深刻的剖析和诊断,提供了避免经济危机、消除各种社会矛盾和弊病的最佳方案。

现实证明之三:西方资本主义国家的占领运动

2011年9月17日,上千名示威者进入美国纽约金融中心华尔街进行示威游行活动,由此开启了"占领华尔街"的序幕。10月,占领运动迅速蔓延至华盛顿、旧金山、芝加哥、洛杉矶等美国主要城市,成为席卷全美的群众性示威活动。随后占领运动又从美国蔓延至全球70多个国家。这场运动的共同点是:99%的大众声讨华尔街的贪婪和腐败,抗议1%的少数人对社会的控制。这场运动参与人数之众、占领城市之广、诉求目标之多、持续时间之久,已经演变为美国20世纪30年代大萧条和60年代反越战以来最大的社会运动,具有广泛民众性、国际波及性、持久对抗性和指向鲜明性。①

占领运动的直接原因是金融危机引发的失业率居高不下、普通民众生活水平的大幅度下降和贫富两极分化的加剧。有关数据显示,美国的失业率长期维持在9%以上,最富有的5%美国人拥有全国72%的财富。② 但是,占领运动最根本的原因,仍然是生产的社会化与生产资料的资本主义私人占有之间的矛盾。只要资本主义私有制存在,贫富两极分化就不可避免,工人运动就不可能停止。占领运动同时也表明,美国等西方资本主义国家的工人阶级已经开始政治觉醒。劳动者阶级再也不愿照旧生活下去了,而统治阶级已经很难再这样照旧统治下去了。

现实证明之四:俄罗斯开始重新评价斯大林和苏联历史

在苏联剧变、解体之前,人们几乎把社会主义体制下的各种怨愤统统归罪于社会主义,而把资本主义——即所谓的"民主"制度视为天堂,顶礼膜拜。所以,这个在20世纪40年代曾经以无比的英勇打败德国法西斯大规模进攻的强大国家,在社会主义大厦垮

① 程恩富、谭扬芳:《从"占领华尔街"反思资本主义制度》,载《中国社会科学报》2011年10月25日。

② 燕凌:《为什么"占领华尔街"活动发展迅猛?》,载《红旗文稿》2011年第20期。

塌时几乎无人反抗。然而，从20世纪90年代以来，俄罗斯社会各界却开始了一股新的思潮，人们纷纷开始从相反的方向、从肯定的角度重新评价斯大林和苏联历史。近年来，每逢十月革命纪念日、苏联卫国战争纪念日，人们纷纷举行各种形式的纪念活动，寄托对列宁、斯大林和民族英雄的缅怀与哀思。需要注意的是，以往怀念斯大林和苏联历史的人主要集中在老一代人，而现在不仅是老年人，而且年轻人也开始了“怀旧”情结。《环球时报》2007年7月31日摘要刊载英国《泰晤士报》消息称，“俄罗斯最近出版的新教师(必读)手册中将斯大林称为‘苏联最成功的领导人’”①，认为斯大林发动的大清洗运动是为了使国家强大起来。这样的评价，即使在斯大林生前，也从来没有过。2003年，伏尔加格勒州政府作出恢复城市原来的名称“斯大林格勒”的决议，并设立“改名委员会”，同时给俄罗斯杜马打报告请求批准，有十几个州政府签名支持伏尔加格勒市政府改名要求。俄罗斯贝尔戈罗茨基州也决定在本州修建斯大林的雕像。哲学家、社会学家和作家亚历山大·季诺维耶夫，这位在青年时代痛恨斯大林、曾想要刺杀斯大林的前苏联持不同政见者，近年来逐渐改变了态度。他称斯大林为人类历史上最伟大的人物之一，把20世纪称为“列宁和斯大林的世纪”②。同样的事情也发生在前苏联持不同政见者索尔仁尼琴的身上。

俄罗斯社会各界重新评价斯大林和苏联历史给我们的启示是：社会主义才是人间正道，资本主义绝非什么人间天堂。社会主义才代表着人类社会前进的方向，复辟倒退是没有出路的。

---

① 中国社会科学院世界社会主义研究中心：《世界社会主义研究》2008年第1期第15页。

② 吴恩远：《“还历史公正”——俄罗斯对全盘否定苏联历史的反思》，载《高校理论战线》2004年第8期。

现实证明之五：罗马教皇方济格痛骂资本主义的罪恶

2015 年 9 月，罗马教皇方济各（Pop Francis）首次到美国访问，就受到美国人民万人空巷的盛大欢迎。为什么美国民众如同发疯一样地欢呼教皇方济格？这是因为教皇从踏上美国土地那一刻起，直到最后踏上飞机悬梯离开的那一刻为止，一直在批判资本主义，认为资本主义是“万恶之源”，是对人民大众的“公开谋杀”。教皇方济格不仅对资本主义批判的言辞与马克思完全相同，甚至与马克思同样地宣布了资本主义的必然灭亡。他指出：现代资本主义是“一个新的专制”。“资本主义专制”将导致更广泛的社会动荡；由这个体制造成的不平等性将“不可避免地”导致崩溃和死亡。教皇方济格在美国国会发表演讲时，没有歌颂华盛顿、林肯，而是把一位以同情共产党反对资本主义而著称的美国左翼分子、激进的天主教工人女活动家 Dorothy Day，抬到了与林肯相提并论的高度。

罗马教皇方济格痛骂资本主义制度的罪恶和弊端，这就启示我们，只要是任何不带偏见的人，哪怕是唯心主义的有神论者，也不难看到资本主义的反动本质和社会主义作为人类未来的正当性质。

现实证明之六：苏联、中国等社会主义国家取得的巨大成就

时下，人们常说，苏联剧变的主要原因是经济建设没有搞好。其实，在斯大林时期，在短短的两三个五年计划之内，苏联就一跃而成为欧洲第一大工业强国、世界第二大工业强国。怎么能说苏联的经济没有搞好呢？就连曾经是斯大林的合作者和对手的英国首相丘吉尔，也以这样敬畏的口吻高度评价斯大林，他说：“当他接过俄国时，俄国只是一个手扶木犁的国家；而当他撒手人寰时，俄国已经拥有了核武器。”①建立了强大的社会保障体系，实行免费医疗、免费教育、免费住宅，首次实现在一个国家里消灭了文盲。这里需要说明：斯大林领导下的苏联到目前为止，大约还是人类历史上唯一不借助外国资本而能从农业国转变为工业国的事例，虽然在当时苏联也是被迫的、不得已的，但这也足以说明斯大林的了不起。

1949 年新中国成立以来，至今已经走过了 60 多年的历史。在前 30 年，我们确立了社会主义的基本制度，建立了独立的工业体系和国民经济体系，成功发射了“两弹一星”，工业、农业、教育、科技、文化、国防等各个方面都取得了巨大成就，在外交上我们同世界上 124 个国家建立了外交关系。在后 30 年，经过改革开放，我国的综合国力和人民生活水平都有了很大的提高，现在已经成为世界第二大经济体。

当然，社会主义还处在幼年，还有许多不尽如人意之处。社会主义也和其他社会制度一样有一个从不完善到逐步完善的过程。但是，苏联和中国在短短几十年时间里取得的巨大成就，就足以充分显示出社会主义制度的优越性，充分说明：只有走社会主义道路，才能更快更好地发展生产力。

现实证明之七：世纪之交千年伟人的四次评选

在世纪之交，在资本主义的故乡，接连爆出了四则震惊世界的新闻：

第一次是 1999 年，由英国剑桥大学文理学院教授们发起的评选“千年第一思想家”活动，结果是马克思位居第一，而似乎早已被习惯公认第一的爱因斯坦却屈居第二。第二次是紧随其后，英

① [苏]弗拉基米尔·卡尔波夫：《大元帅斯大林》，北京：社会科学文献出版社，2005 年版，第 792 页。

国广播公司(BBC)又以同一命题,在全球互联网上公开征询,一个月后汇集全球投票结果,仍然是马克思第一,爱因斯坦第二。第三次是2002年,英国路透社又邀请政界、商界、艺术和学术领域的名人评选"千年伟人",结果是马克思以一分之差略逊于爱因斯坦。但这并不影响马克思作为"千年伟人"的地位。第四次是2005年7月14日,英国广播公司(BBC)广播第四频道以"古今最伟大的哲学家"为题,调查了三万多名听众,结果是:共产主义理论奠基人卡尔·马克思以27.93%的得票率荣登榜首,居于第二位的苏格兰哲学家大卫·休谟得票率仅为12.6%,远远落在其后。西方著名的思想家柏拉图、康德、苏格拉底、亚里士多德等更是望尘莫及,黑格尔甚至没进入前20名。值得一提的是:在第四次评选之前,英国《经济学家》杂志曾经专门号召读者把马克思从候选人的名单中拉下来,希望读者选休谟,说马克思已经过时了,而资本主义是有效的,等等。但是,英国公众仍然得出了自己的决断。这个结果使主持人很吃惊。

对此,剑桥大学的一位教授作了解释。他说:《共产党宣言》虽然出版于1848年,但我们现在经常谈到的全球化、裁员、跨国公司、世界经济朝这个或者那个方向发展,所有这一切内容,书中都能找到,它有令人惊讶的现实意义,任何其他文献都没有这个力量。①

世纪之交千年伟人的四次评选告诉我们:马克思主义并未过时,社会主义并未终结,资本主义的基本矛盾依然存在,社会主义代替资本主义的历史大趋势并未改变。

① 李慎明:《21世纪社会主义发展前景展望》,载《红旗文稿》2006年第4期。

四、几个可能的问题的回答

第一个问题：为什么实行资本主义的国家都比较发达，而实行社会主义的国家都比较落后？

首先，并非所有资本主义国家都发达。全球实行资本主义的国家占大多数，但是真正比较发达的只是少数，绝大多数资本主义国家仍然非常落后。

其次，起点不一样。资本主义制度已经有300多年的历史，而社会主义制度只有几十年的历史。

再次，社会主义国家虽然在总体上来说经济还比不上资本主义发达国家，但是发展速度却远远高于发达资本主义国家。

第二个问题：为什么美国等西方资本主义国家生态环境那么好，而中国生态环境污染这么严重呢？

这是美国等西方少数资本主义国家只经营虚拟经济，而不再经营实体经济的结果。他们把实体经济统统转移到发展中国家。只搞虚拟经济、金融投机，当然不会有环境污染。

第三个问题：既然社会主义必然代替资本主义，那为什么苏东剧变、苏联解体了呢？

首先，苏东剧变、苏联解体不是坚持马克思主义、科学社会主义的结果，恰恰相反，是由于背离了马克思主义、科学社会主义所致。苏东剧变、苏联解体的惨痛教训告诉我们：民主社会主义绝不是什么社会主义，而是穿着社会主义外衣的改良的资本主义。民主社会主义是社会主义国家通往资本主义的必由之路。

其次，人类社会发展的总趋势是前进的；但是具体道路却是曲折的。英国1640年爆发资产阶级革命，但1660年旧王朝便复辟了，直到1688年英国的资产阶级专政才稳定下来。法国资产阶级革命从 1789 年爆发到 1875 年第三共和国成立，中间经过了 86 年。整个资本主义制度，大体经历了 200～300 年时间，才逐步成熟起来。资产阶级革命，资本主义制度的成长和成熟，是用一种剥削制度代替另一种剥削制度，尚且要经过曲折复杂的斗争，无产阶级要建立没有阶级、没有剥削的社会主义制度，更不可能一帆风顺。① 正如邓小平所说："从一定意义上说，某种暂时复辟也是难以完全避免的规律性现象……不要认为马克思主义就消失了，没用了，失败了。哪有这回事！"②

① 马克思主义理论研究和建设工程重点教材《科学社会主义概论》，北京：人民出版社、高等教育出版社，2011 年版，第 293 页。

② 《邓小平文选》第 3 卷，北京：人民出版社，1993 年版，第 383 页。

第十二章

科学社会主义的基本原则不能丢

2013 年 1 月 5 日，习近平同志在新进中央委员、候补委员学习贯彻党的十八大精神研讨班开班式上的讲话指出：“中国特色社会主义是社会主义而不是其他什么主义，科学社会主义基本原则不能丢，丢了就不是社会主义。”①这就进一步说明了中国特色社会主义与科学社会主义的关系，为我们提供了以下两个启示：第一，中国特色社会主义是以科学社会主义为原则的，二者是指导与被指导的关系，后者指导前者。因此，在提炼科学社会主义基本原则时，应该以马克思主义创始人的科学社会主义学说为依据，而不能以中国特色社会主义的现实需要来实用主义地概括科学社会主义的基本原则。也就是说，我们可以根据中国特色社会主义的实践丰富和发展科学社会主义的理论内容，但是不能根据现实需要来概括科学社会主义基本原则，否则就会导致用中国特色社会主义来指导中国特色社会主义的逻辑错误。第二，我们现在讨论科学社会主义的基本原则，不仅仅是个理论问题和学术问题，更是一个重大的政治问题。因为对科学社会主义基本原则的不同的理解和概括，将直接影响中国特色社会主义的未来发展方向，决不可等闲视之。因此，准确理解和科学把握科学社会主义的基本原则，对

① 《习近平治国理政》，北京：外文出版社，2014 年版，第 22 页。

于中国特色社会主义事业的科学、健康发展具有非常重要的现实指导意义。

一、关于社会主义必然代替资本主义的原则

马克思、恩格斯在《共产党宣言》第一章的末尾得出一个结论："无产阶级的胜利和资产阶级的灭亡是同样不可避免的。"这就是我们常说的著名的"两个必然"。

大家知道，马克思一生有两大发现：唯物史观和剩余价值学说。一般大家都认为，这两个伟大发现是马克思的最重要的理论贡献。在笔者看来，比这两个伟大发现更为重要的是"两个必然"的理论。"两个发现"只是手段，而"两个必然"才是目的。马克思一生所做的最重要的一件事，就是科学论证了社会主义代替资本主义的历史必然性。之前的社会主义先驱们也向往社会主义，甚至为此进行过实验，但是都只能是幻想或空想，而是没有经过科学论证的。所以，马克思一生所做的最重要的一件事，就是在"两个发现"的基础上科学论证了"两个必然"，使社会主义由空想变成了科学，而科学是颠扑不破的。

之前一个时期，学术界往往更多地关注马克思的"两个发现"，而对马克思和恩格斯的"两个必然"的理论重视或者强调不够。这在一定意义上可以说是只重视了手段，而忽视了目的；只关注了方法和内容，而忽略了核心问题和理论归宿。现阶段在一部分人当中出现的理想信念淡薄，同一个时期以来我们只重视马克思的"两个发现"而忽视"两个必然"这个最大的理论贡献不无关系。人们往往把马克思主义学说当作一种纯学术，而严重忽视了其政治性和鲜明的阶级立场。他们虽然也在研究马克思主义，但是，他们这样做却恰恰抽掉了马克思主义的核心和灵魂，使马克思

主义变成了一种没有阶级性和政治立场的，甚至资产阶级也能够接受的纯粹的学术。不是吗？在一些学者那里，社会主义仅仅成了一种价值追求，而不再是不以任何人的主观意志为转移的客观规律和必然趋势。这种现象十分值得警惕。

马克思主义经典作家的“两个必然”之所以是客观规律和必然趋势，这是由资本主义的基本矛盾决定的。我们知道：生产力与生产关系、经济基础与上层建筑的矛盾是人类社会的基本矛盾。人类社会之所以不断从低级向高级发展，归根到底，是由生产力的不断发展决定的。在原始社会解体以后，奴隶社会和封建社会都是私有制社会，这种私有制的生产关系在一定时期内同当时低水平的生产力基本是适应的；当然，随着生产力的不断发展，这种基本适应就逐渐变得不适应了，所以，封建社会代替了奴隶社会，是一种新的私有制形式代替了旧的私有制形式。那么，有人会问，过去封建社会代替奴隶社会，是一种私有制代替另外一种私有制，马克思凭什么说社会主义公有制要最终代替资本主义私有制呢？根据何在呢？根据就在于社会化大生产。在资本主义之前都是小生产，所以是一种私有制代替了另外一种私有制。然而进入资本主义以后，生产力的性质已经发生了根本改变，由过去的小生产变成了社会化的大生产；然而，在生产关系方面，仍然沿袭了过去小生产时代的私有制内容，只是改变了私有制的形式而已。这种社会化大生产与生产资料的资本主义私有制就形成了不可调和的矛盾，其直接表现：在生产领域，就是个别企业生产的有组织性和整个社会生产的无政府状态之间的矛盾，生产的无限扩大和劳动人民有支付能力的需求不足的矛盾；在阶级关系方面，就表现为无产阶级和资产阶级的根本对立。生产领域的矛盾的结果，就是频繁爆发的周期性的经济危机；阶级关系方面的矛盾的结果，就是无产阶级推翻资产阶级统治的革命。这种矛盾是资本主义制度自身所无法克服的。唯一的出路，就是变生产资料资本家私有制为全社会共同所有。一旦私有制为社会所有制所代替，社会主义也就最终取代了资本主义。所以，社会主义代替资本主义，是不以任何人的主观意志为转移的客观规律和必然趋势。在建设中国特色社会主义的过程中，决不能忘记这个人类社会发展的客观规律和必然趋势，并且要大力向广大党员干部和群众加强这个客观规律和必然趋势的教育，否则就容易迷失方向，就会犯根本方向性的大错误，就会铸成千秋大错。

二、关于共产主义第一阶段基本特征的原则

我们今天所理解的社会主义和共产主义，是两个不同的发展阶段。但是，这里需要说明的是：正如我们在第1章已经说过的，在马克思和恩格斯那里，社会主义和共产主义在科学上是没有任何区别的。也就是说，社会主义就是共产主义；共产主义就是社会主义。尽管在《哥达纲领批判》中，马克思把未来的共产主义社会划分为第一阶段和高级阶段，但是马克思和恩格斯并没有把第一阶段叫作社会主义，把高级阶段叫作共产主义。在国际共产主义运动史上，是列宁开始首先这么使用的，一直沿用至今。

不过，同时还需要说明的是，列宁尽管把共产主义第一阶段叫作社会主义，把高级阶段叫作共产主义，但是在对未来社会的看法上，列宁与马克思、恩格斯的看法始终是一致的。

这里我们介绍一下马克思、恩格斯所说的共产主义第一阶段，即列宁所说的社会主义的基本特征究竟是怎样的。

第一，社会所有制。

马克思所说的社会所有制，也就是我们今天经常谈到的公有制的意思。不过这里的社会所有制，与我们今天改革开放实践中

搞的公有制可完全不同；不仅如此，即使是斯大林和毛泽东时期实践中搞的公有制，也不是马克思所说的社会所有制。

马克思所说的社会所有制，是指生产资料在全社会的范围内由劳动者联合起来的共同占有。也就是说，人与人之间在同生产资料的关系上已经没有了任何区别。既不存在这个企业是张三的，那个企业是李四的这样的区别；也不存在我是雇工，你是老板这样的区别。换句话说：劳动者与所有者已经合二为一了，劳动者就是所有者，所有者也就是劳动者。

需要说明的是：这种社会所有制的实现不是没有条件的。这个条件就是生产力的高度发展。

第二，没有商品货币关系。

由于生产力的高度发展，以及社会所有制的实现，人与人之间同生产资料的关系已经没有任何区别，所以劳动产品就没有必要再通过价值的形式表现为商品，而直接作为消费品供人们使用。所以，商品经济自然消失，取而代之的，是产品经济。

第三，没有阶级和国家。

由于实行社会所有制，人与人在同生产资料的关系上没有任何区别，所以阶级自然也就不复存在，因为阶级本身无非是人们同生产资料的不同关系。而由于阶级的消灭，国家也就必然自行消亡，因为国家的本质就是阶级统治的工具，它随着阶级的产生而产生，又随着阶级的消亡而消亡。以上基本特征为共产主义第一阶段和高级阶段所共有；在马克思主义经典作家那里，两者的区别仅在于生产力的成熟程度不同和分配方式的不同，在第一阶段实行按劳分配，在高级阶段实行按需分配。

马克思主义创始人关于未来社会的预测是科学的。其之所以是科学的，这是因为它从根本上超越了空想社会主义；他们是从人类社会实现彻底解放的高度来看问题的；他们只科学论证了社会主义实现的历史必然性,并没有提供具体历史进程;这几个基本特征之间具有合乎逻辑的必然联系。其之所以是科学的,这是因为这些基本特征的实现是以完成过渡时期消灭阶级的任务为前提的;更是由资本主义的基本矛盾决定的,而且归根结底是由生产力的发展决定的;其之所以是科学的,也是因为他们对未来社会的展望只限于揭示未来社会的基本特征,而从来不做详尽的细节描述。这些基本特征之所以是科学的,还因为这已经为资本主义几百年发展的历史实践证明了。

马克思主义创始人关于未来社会的预测之所以长期以来被一些人当作空想而非科学,这同我们长期以来对所处发展阶段的认识误区有直接关系。长期以来,我们一直认为我们已经进入了社会主义,并且说,这就是马克思的共产主义第一阶段。其实,我们今天实践中的社会主义,离马克思的共产主义第一阶段还有相当远的距离。因为马克思所说的共产主义第一阶段(即列宁所说的社会主义)是不存在阶级的,而斯大林和毛泽东时期的社会主义只是刚刚消灭了剥削阶级,仍然有阶级。至于我们现在正在进行的社会主义初级阶段的社会主义,则不仅有阶级,而且还有剥削。因此,我们今天的社会主义,是远未完成马克思所说的过渡时期消灭阶级历史任务的社会主义,是不合格的社会主义。按照马克思和列宁的理论框架,我们今天的社会主义实际上仍然处在列宁所说的迂回过渡时期。我们并不反对把今天的社会主义叫作社会主义,但是,一定要说清楚,我们今天的社会主义并非马克思的共产主义第一阶段。我们今天之所以可以称作“社会主义国家”,并不是因为我们已经是社会主义制度,而仅仅因为我们走的是不同于资本主义道路的“社会主义道路”而已。明白这个道理,对于我们今天纠正长期以来工作中存在的理论与实践的严重错位,增强思想政治工作的科学性和说服力,制定科学的理论、路线、方针和政策,保证中国特色社会主义的科学、健康发展具有非常重要的意义。

一个较长的时期以来,我们很少讲共产主义的远大理想,或者不敢理直气壮地讲共产主义的远大理想,这同我们一些人说不清楚马克思的未来社会的科学性有很大关系,也同一些人的歪曲和误解有很大关系。比如就有人说:马克思的社会主义是空想,因为他没有预料到社会主义仍然存在商品经济。其实,这种观点根本不值得一驳。我们在迂回过渡时期在一定程度上利用和发展商品经济,与马克思的共产主义第一阶段不存在商品经济,二者根本就不矛盾。马克思只是说在共产主义第一阶段不存在商品经济,他从来就没有说过在过渡时期不存在商品经济。

三、关于无产阶级必须组织成为政党的原则

无产阶级政党是无产阶级革命的战斗司令部,没有这样一个无产阶级性质的革命政党的正确领导,无产阶级革命是不可能获得成功的。马克思、恩格斯非常重视无产阶级政党的建设,曾为此付出过巨大努力,并取得重要历史功绩。马克思曾经指出:"无产阶级在反对有产阶级联合力量的斗争中,只有把自身组织成为与有产阶级建立的一切旧政党不同的、相对立的政党,才能作为一个阶级来行动。""为保证社会革命获得胜利和实现革命的最高目标——消灭阶级,无产阶级这样组织成为政党是必要的。"①恩格斯也说:工人阶级要摆脱资产阶级的支配,"最好的办法就是在每一个国家里建立一个无产阶级的政党,这个政党要有它自己的政

---

① 《马克思恩格斯选集》第2卷,北京:人民出版社,1995年版,第611页。

策，这种政策显然与其他政党的政策不同”①。

关于无产阶级政党的性质和特点，马克思、恩格斯在《共产党宣言》中指出：共产党人“没有任何同整个无产阶级的利益不同的利益”。“在实践方面，共产党人是各国工人政党中最坚决的、始终起推动作用的部分；在理论方面，他们胜过其余无产阶级群众的地方在于他们了解无产阶级运动的条件、进程和一般结果。”②

无产阶级之所以需要组织成为这样的政党，是因为，只有在无产阶级革命政党的正确领导下，无产阶级反对资产阶级的斗争才能从分散的、自发的斗争上升到有组织的、自觉的斗争，才能使无产阶级真正从一个自在阶级转变为一个自为的阶级，才能提出无产阶级革命斗争的目标、纲领、任务和政策；才能保证无产阶级革命运动的正确方向；才能保证无产阶级革命斗争的最后胜利。③因此，“要使无产阶级在决定关头强大到足以取得胜利，无产阶级必须（马克思和我从 1847 年以来就坚持这种立场）组成一个不同于其他所有政党并与它们对立的特殊政党，一个自觉的阶级政党”④。

现在，共产党是工人阶级政党的性质也遭到一些人的攻击。他们打着扩大党的社会基础的旗号，主张应该把共产党改名为全民党，好像只有这样，党才能巩固执政地位。这是完全错误的。全民党本身就是一个反科学的概念。党从来都是阶级斗争的工具，只能是阶级的党，任何政党都是一定阶级利益的代表，从来没有什么非阶级的、超阶级的政党。一旦没有了阶级，政党

① 《马克思恩格斯选集》第 2 卷，北京：人民出版社，1995 年版，第 639 页。

② 《马克思恩格斯选集》第 1 卷，北京：人民出版社，1995 年版，第 285 页。

③ 马克思主义理论研究和建设工程重点教材《科学社会主义概论》，北京：人民出版社、高等教育出版社，2011 年版，第 83－84 页。

④ 《马克思恩格斯全集》第 37 卷，北京：人民出版社，1971 年版，第 321 页。

也就随之不存在了。① 现实西方国家的一些所谓全民党，实质是资产阶级性质的政党，根本不可能代表全体劳动人民的利益，只不过是打着代表全体人民利益的旗号、维护资产阶级统治的工具罢了。

四、关于暴力革命是无产阶级革命一般规律的原则

马克思主义经典作家非常重视暴力革命在无产阶级夺取政权中的作用，把暴力革命作为无产阶级革命的一般规律。在《共产党宣言》中，他们明确指出："无产阶级用暴力推翻资产阶级而建立自己的统治。"②工人阶级的目的"只有用暴力推翻全部现存的社会制度才能达到"③。后来，他们又多次强调："暴力是每一个孕育着新社会的旧社会的助产婆。"④在"大多数国家中，暴力应当是我们革命的杠杆"⑤。"无产阶级不通过暴力革命就不可能夺取自己的政治统治。"⑥

在马克思主义创始人看来，无产阶级之所以要把暴力革命作为无产阶级革命的一般规律，并不是无产阶级"偏爱"暴力，而是因为无产阶级革命面对的是反革命的暴力。面对反革命的暴力，如果放弃暴力，无异于束手就擒、坐以待毙。首先，资产阶级国家机器本身就是有组织的暴力。对于这种有组织的暴力，当然只能

---

① 周新城：《必须坚持〈共产党宣言〉阐述的科学社会主义基本原则》，载《中共石家庄市委党校学报》2013 年第 3 期。

② 《马克思恩格斯选集》第 1 卷，北京：人民出版社，1995 年版，第 284 页。

③ 《马克思恩格斯选集》第 1 卷，北京：人民出版社，1995 年版，第 307 页。

④ 《马克思恩格斯选集》第 2 卷，北京：人民出版社，1995 年版，第 266 页。

⑤ 《马克思恩格斯全集》第 18 卷，北京：人民出版社，1964 年版，第 179 页。

⑥ 《马克思恩格斯全集》第 37 卷，北京：人民出版社，1971 年版，第 321 页。

通过暴力革命来解决问题。其次，一切统治阶级都是不会自动退出历史舞台的。当被压迫被剥削的阶级起来革命时，他们总是要进行拼死的反抗，来维护他们即将失去的天堂般的生活。在这种情况下，无产阶级只有通过暴力手段才能推翻资产阶级的统治。再次，历史上的一切反动统治阶级，总是首先采用暴力手段来镇压被剥削被压迫者的反抗。对于反革命的暴力，无产阶级当然只能使用革命的暴力。①

马克思主义创始人强调暴力革命是无产阶级革命的一般规律，但是，他们从来不反对特殊情况下和平夺取政权的可能性。1872 年，马克思指出："我们从来没有断言，为了达到这一目的，到处都应该采取同样的手段。我们知道，必须考虑到各国的制度、风俗和传统；我们也不否认，有些国家，像美国、英国……也许还可以加上荷兰……工人可能用和平手段达到自己的目的。"②

马克思主义创始人虽然不反对特殊情况下和平夺取政权的可能性，但是反对放弃暴力的纯粹议会道路和合法斗争。在他们看来，越是有暴力革命做后盾，和平夺取政权的可能性就越大。在无产阶级夺取政权的方式上，必须反对完全寄希望于和平夺取政权的幼稚想法。无产阶级当然不会放弃和平夺取政权的机会，但是从来都不放弃暴力革命的准备。

当前谴责暴力革命成为一种时髦。比如，国内近一个时期就有人提出，恩格斯晚年提出了"和平长入社会主义"的思想，这是对恩格斯的误解。恩格斯 1895 年在《卡尔·马克思〈1848 年至 1850 年的法兰西阶级斗争〉一书导言》中，提到基于社会条件的变

① 叶庆丰：《资本主义向社会主义转变若干问题再认识》，载《科学社会主义》2012 年第 1 期。

② 《马克思恩格斯全集》第 18 卷，北京：人民出版社，1964 年版，第 179 页。

化,资本主义进入和平发展时期和无产阶级要利用资产阶级国家机器进行合法斗争等观点,恩格斯去世后不久,修正主义代表人物伯恩施坦把该《导言》当作革命导师放弃暴力革命的依据。而实际上从《导言》文本及其答复修改《导言》的书信中,仍然可以清楚地看出,恩格斯只是把合法斗争当作为最后决战作准备的一种手段。正因为合法斗争的目的是为了最后的决战,所以“我们的外国同志们是绝不会因此而放弃自己的革命权的”①。1895 年 3 月 8 日,恩格斯在写给党的执委会的关于修改意见的答复中,表示了其对执委会安于合法斗争的不满:“我认为,如果你们宣扬绝对放弃暴力行为,是决捞不到一点好处的。没有人会相信这一点,也没有一个国家的任何一个政党会走得这么远,竟然放弃拿起武器对抗不法行为这一权利。”②所以,说恩格斯晚年放弃了暴力革命的观点是根本站不住脚的。暴力革命是无产阶级革命一般规律的观点是不容否定的。

五、关于在资本主义和共产主义第一阶段之间有一个过渡时期的原则

在资本主义和共产主义第一阶段之间有一个过渡时期,这是科学社会主义的一个重要原理和基本原则。在 1875 年的《哥达纲领批判》中,马克思明确提出:“在资本主义社会和共产主义社会之间,有一个从前者变为后者的革命转变时期。”③列宁也曾指出:在资本主义和共产主义之间有一个过渡时期,这在理论上是毫无疑义的。④(需要特别说明的是:这两句话中的“共产主义”一词,

① 《马克思恩格斯全集》第 22 卷,北京:人民出版社,1965 年版,第 603 页。
② 《马克思恩格斯全集》第 39 卷,北京:人民出版社,1974 年版,第 401 页。
③ 《马克思恩格斯选集》第 3 卷,北京:人民出版社,1995 年版,第 306 页。
④ 《列宁选集》第 4 卷,北京:人民出版社,1995 年版,第 59 页。

根据前面的解释,应理解为共产主义第一阶段,而非共产主义高级阶段。)关于为什么在资本主义和共产主义第一阶段之间需要有一个过渡时期,列宁在 1918 年 3 月通过比较与研究资产阶级革命和社会主义革命的区别说明了过渡时期的必要性,他指出:“资产阶级革命和社会主义革命的基本区别之一就在于:对于从封建制度中生长起来的资产阶级革命来说,还在旧制度内部,新的经济组织就逐渐形成起来,逐渐改变着封建社会的一切方面。资产阶级革命面前只有一个任务,就是扫除、摒弃、破坏旧社会的一切桎梏。任何资产阶级革命完成了这个任务,也就是完成它所应做的一切,即加强资本主义的发展。社会主义革命的情况却完全不同。由于历史进程的曲折而不得不开始社会主义革命的那个国家愈落后,它由旧的资本主义关系过渡到社会主义关系就愈困难。这里除破坏任务以外,还加上了一些空前困难的新任务,即组织任务。”①也就是说,对于资产阶级革命来说,只要从封建地主阶级手里夺取了政权,革命的任务也就完成了;而对于无产阶级革命来说,夺取政权只是革命任务的开始。

然而,长期以来马克思、恩格斯和列宁的过渡时期理论在实践中却被大大缩短或严重忽略了。苏联的过渡时期从 1917 年到 1936 年,只用了不足 20 年的时间,斯大林就宣布进入了社会主义。新中国从 1949 年到 1956 年,过渡时期的时间更短,只有 7 年。现在仍然有相当一部分人甚至认为,苏联从 1917 年、新中国从 1949 年开始就是社会主义制度。不仅如此,这些落后的社会主义国家还都把自己的社会主义称之为马克思的共产主义第一阶段。这是存在严重理论问题的,也是完全不符合马克思主义创始人关于社会发展阶段的基本思想的。有意思的是,毛泽东同志把

① 《列宁全集》第 34 卷,北京:人民出版社,1985 年版,第 3 -4 页。

1956 年社会主义改造基本完成之后的时期，既叫作社会主义，又叫作过渡时期；在他看来，从 1949 年到 1956 年只是一个过渡时期，1956 年之后的时期既是社会主义时期，也是过渡时期。他曾经和理论工作者讨论有关过渡时期的问题，但是始终没有搞清楚马克思的过渡时期理论到底是怎么回事，究竟是向共产主义第一阶段过渡还是向共产主义高级阶段过渡。

我们并不反对把现阶段叫作社会主义，但是，必须首先说清楚，我们现实实践中的社会主义还不是马克思的共产主义第一阶段，实际上，按照马克思和列宁的理论框架，我们现实实践中的社会主义仍然处在过渡时期。

在生产力水平仍然不高的情况下、在仍然存在阶级的情况下就提前宣布进入社会主义，降低了社会主义的条件和基本要求，使社会主义在人们心目中的形象大打折扣。加上一些别有用心的人的歪曲，社会主义居然成了“贫穷”、“落后”的代名词。提前宣布进入社会主义，为以后急于向共产主义社会高级阶段过渡埋下了伏笔。提前宣布进入社会主义，也无意中为赫鲁晓夫等大搞修正主义提供了口实，在他们看来，既然已经进入社会主义，那么按照马克思的理论，在社会主义社会是不存在阶级和阶级斗争的，于是“三和”“两全”等系统的修正主义理论就出来了。提前宣布进入社会主义，也造成了理论与实践之间的矛盾和错位：一方面，既然已经宣布进入社会主义，那么，就应该按照马克思的共产主义社会第一阶段的理论去指导现实的实践，就不应该有商品和货币，不应该有阶级和国家；而现实中又离不开商品和货币，又不能不讲阶级斗争和无产阶级专政。理论与实践总是抬杠。另一方面，人们又往往根据现实生活来评判理论。拿现实生活中存在的矛盾和问题来贬低甚至否定马克思的科学理论。这就是说，人们在实践中既不按照马克思说的来做，然而出了问题又常常归罪于马克思。本来是科学的理论,却被一些人无端地斥为过时的教条;本来是科学巨匠,却遭受极度的不公。

六、关于过渡时期必须强调阶级斗争和无产阶级专政的原则

马克思、恩格斯所说的共产主义第一阶段,即列宁所说的社会主义社会,都是无阶级、无国家的。但是,他们从来不否认过渡时期阶级和国家的存在。

在夺取政权以前,无产阶级要通过革命推翻资产阶级的统治,建立自己的政治统治,这无疑是阶级斗争;那么,在无产阶级夺取政权以后,在无产阶级成为统治阶级以后,应当如何对待阶级斗争呢?在总结巴黎公社经验教训的《法兰西内战》中,马克思指出:“他们必须经过长期的斗争,必须经过一系列将把环境和人都加以改造的历史过程。”“他们必须经历阶级斗争的几个不同阶段。”① 在列宁看来,无产阶级专政的建立不是阶级斗争的结束,而是阶级斗争的新形式、阶级斗争在新形式下的继续。不仅如此,他还认为,过渡时期将是阶级斗争最残酷、最尖锐的时期。在1919年《无产阶级专政时代的经济与政治》一文中,列宁指出:“这个过渡时期不能不是衰亡着的资本主义与生长着的共产主义彼此斗争的时期,换句话说,就是已被打败但还未被消灭的资本主义和已经诞生但还非常幼弱的共产主义彼此斗争的时期。”②在《向匈牙利工人致敬》一文中,他指出:“在推翻资本权力以后,在破坏资产阶级国家以后,在建立无产阶级专政以后,阶级斗争并不是消失(如旧社会主义和旧社会民主党中的庸人所想象的那样),而只是改变它的

① 《马克思恩格斯选集》第3卷,北京:人民出版社,1995年版,第60、98页。
② 《列宁全集》第37卷,北京:人民出版社,1986年版,第263页。

形式，在许多方面变得更加残酷。"[1]列宁还把新经济政策当作一种特殊形式的阶级斗争。"租让也是一种斗争形式，是阶级斗争在另一种形式下的继续，而绝不是用阶级和平来代替阶级斗争。"[2]列宁多次指出："社会主义是不能'实施'的；社会主义是在最激烈的、最尖锐的、你死我活的阶级斗争和内战的过程中成长起来的。"无产阶级"专政的前提和含意就是被抑制着的战争状态，就是对无产阶级政权的敌人采取军事斗争措施的状态"[3]。他指出：剥削者的反抗在他们被推翻之前就已开始，而由于他们被推翻则更加激烈起来。[4]

马克思、恩格斯、列宁不仅认为过渡时期仍然存在阶级斗争，而且认为，过渡时期就是无产阶级专政时期。在1850年3月写的《1848年至1850年的法兰西阶级斗争》中，马克思指出："无产阶级的阶级专政，这种专政是达到消灭一切阶级差别，达到消灭这些差别所由产生的一切生产关系，达到消灭和这些生产关系相适应的一切社会关系，达到改变由这些社会关系产生出来的一切观念的必然的过渡阶段。"[5]在这里，他把过渡时期无产阶级专政的任务明确地概括为"四个达到"。在1852年3月5日"致魏德迈的信"中，马克思说，无产阶级专政"不过是达到消灭一切阶级和进入无阶级社会的过渡"，并把无产阶级专政看作自己在阶级斗争问题上"加上的新内容"。[6] 列宁则进一步把是否承认过渡时期的阶级斗争和无产阶级专政看作马克思主义与机会主义的原则区别。

---

① 《列宁全集》第36卷，北京：人民出版社，1985年版，第376页。
② 《列宁全集》第41卷，北京：人民出版社，1986年版，第212－213页。
③ 《列宁全集》第33卷，北京：人民出版社，1985年版，第197页。
④ 《列宁全集》第37卷，北京：人民出版社，1986年版，第433页。
⑤ 《马克思恩格斯选集》第1卷，北京：人民出版社，1995年版，第462页。
⑥ 《马克思恩格斯选集》第4卷，北京：人民出版社，1995年版，第547页。

他指出,以考茨基为代表的现代机会主义恰巧不把承认阶级斗争贯彻到最主要之点,贯彻到从资本主义向共产主义过渡的时期,贯彻到推翻资产阶级并完全消灭资产阶级的时期。实际上,这个时期必然是阶级斗争空前残酷、阶级斗争的形式空前尖锐的时期。因此,谁要是仅仅承认阶级斗争,那他还不是马克思主义者,他还可以不超出资产阶级思想和资产阶级政治的范围。把马克思主义局限于阶级斗争学说,就是阉割马克思主义,歪曲马克思主义,把马克思主义变为资产阶级可以接受的东西。只有懂得一个阶级的专政不仅对一般阶级社会是必要的,不仅对推翻了资产阶级的无产阶级是必要的,而且对介于资本主义和"无阶级社会"即共产主义之间的整整一个历史时期都是必要的,——只有懂得这一点的人,才算掌握了马克思国家学说的实质。只有承认阶级斗争、同时承认无产阶级专政的人,才是马克思主义者。①

如前所述,现实实践中的社会主义,不仅没有达到马克思的共产主义第一阶段,而且连马克思的直接过渡也够不上,实际上仍然处在列宁所说的落后国家向共产主义第一阶段迂回过渡的初期。所以,在社会主义发展的现阶段,马克思的阶级分析方法、阶级斗争学说和无产阶级专政的理论仍然具有重要的现实意义。放弃阶级斗争和无产阶级专政,无异于束手就擒、坐以待毙。在马克思看来,阶级的存在仅仅同生产发展的一定历史阶段相联系。然而现在一个奇怪的现象是,不少学者只讲现阶段我国生产力落后,对阶级和阶级斗争的话题却唯恐避之不及,这是不符合马克思主义逻辑的。讲阶级和阶级斗争并不是又要搞大规模的群众运动,但是,这个方面的问题不能不高度重视。倒是资产阶级的政治家在这个问题上为我们一些人提了个醒。苏联解体之后,美国原驻苏联大

① 《列宁全集》第31卷,北京:人民出版社,1985年版,第32-33页。

使马特洛克在《苏联解体亲历记》一书中,说到当年戈尔巴乔夫提出“新思维”、抛弃阶级斗争学说时指出:“如果苏联领导人真的抛弃这个观点,那么,他们是否继续称他们的思想为‘马克思主义’也就无关紧要了,这已是一个别样社会里实行的别样的‘马克思主义’,这个别样的社会则是我们大家都可以接受的。”①因此,那种认为无产阶级夺取政权后就万事大吉、安享太平的想法是完全错误的。苏东剧变还不就是这些国家的无产阶级及其政党在阶级斗争中吃了败仗吗?

七、关于消灭私有制的原则

消灭私有制,实现社会所有制,是马克思主义创始人反复强调的一个根本问题。在《共产党宣言》中,马克思、恩格斯指出:“共产党人可以把自己的理论概括为一句话:消灭私有制。”②并且指出,在所有这些运动中,他们都强调所有制问题是运动的基本问题。③ 恩格斯 1894 年 1 月指出:“我处处不把自己称作社会民主主义者,而称作共产主义者。这是因为当时在各个国家里那种根本不把全部生产资料转归社会所有的口号写在自己旗帜上的人自称是社会民主主义者。”因此,“对马克思和我来说,用如此有伸缩性的名称来表示我们特有的观点是绝对不行的”④。在他们看来,“废除私有制甚至是工业发展必然引起的改造整个社会制度的最简明扼要的概括。所以共产主义者完全正确地强调废除私有制是

① [美]马特洛克:《苏联解体亲历记》(上),北京:世界知识出版社,1996 年版,第 169 页。
② 《马克思恩格斯选集》第 1 卷,北京:人民出版社,1995 年版,第 286 页。
③ 《马克思恩格斯选集》第 1 卷,北京:人民出版社,1995 年版,第 307 页。
④ 《马克思恩格斯全集》第 22 卷,北京:人民出版社,1965 年版,第 489 – 490 页。

自己的主要要求”①。未来社会“同现存制度的具有决定意义的差别当然在于,在实行全部生产资料公有制(先是单个国家实行)的基础上组织生产”②。

马克思、恩格斯之所以如此强调所有制问题,是因为生产资料所有制是生产关系的核心问题。他们之所以主张消灭私有制,是因为私有制是阶级对立和社会的无政府状态等各种社会问题的根源。因此,消灭私有制是实现共产主义的根本途径。马克思和恩格斯在这个问题上的观点从来没有改变过。

当然,消灭私有制也是一个过程,不是一下子就能够完成的。正如恩格斯在《共产主义原理》中回答“能不能一下子就把私有制废除”的问题时所说的那样:“不,不能,正像不能一下子就把现有的生产力扩大到为实行财产公有所必要的程度一样。因此,很可能就要来临的无产阶级革命,只能逐步改造现社会,只有创造了所必需的大量生产资料之后,才能废除私有制。”③

如前所述,我们现在的社会主义初级阶段,实际上并非马克思的共产主义第一阶段,而是仍然处在落后国家向共产主义第一阶段迂回过渡的初期。因此,在社会主义发展的现阶段,还不能一下子就消灭私有制,还需要在一定程度上和一定范围内允许非公有制经济成分的存在和发展。但是,因为我们走的社会主义道路,我们是要向共产主义第一阶段过渡,所以,必须坚持公有制的主体地位不动摇。只有这样,才能保证改革开放的社会主义正确方向,才能避免资本主义复辟的邪路。

然而,值得注意的是:本来党在现阶段的基本经济制度是以

① 《马克思恩格斯选集》第1卷,北京:人民出版社,1995年版,第237-238页。
② 《马克思恩格斯全集》第37卷,北京:人民出版社,1971年版,第443页。
③ 《马克思恩格斯选集》第1卷,北京:人民出版社,1995年版,第239页。

公有制为主体、多种所有制经济共同发展,党的方针是毫不动摇地巩固和发展公有制经济,毫不动摇地鼓励、支持和引导非公有制经济发展。但在一些人那里,只是一门心思地支持私有制经济,公有制的主体地位早被抛到太平洋里去了。这不能不引起我们的高度警惕。

八、关于必须加强无产阶级国际主义联合的原则

马克思和恩格斯在《共产党宣言》中指出:“工人没有祖国。”“在无产者不同的民族的斗争中,共产党人强调和坚持整个无产阶级共同的不分民族的利益”;“联合的行动,至少是各文明国家的联合的行动,是无产阶级获得解放的首要条件之一”。①“共产党人到处都支持一切反对现存的社会制度和政治制度的革命运动。”“共产党人到处都努力争取全世界民主政党之间的团结和协调。”②在《共产党宣言》的最后,马克思、恩格斯发出号召:“全世界无产者,联合起来!”③

“共产主义者同盟”是世界上第一个无产阶级的国际共产主义组织,《共产党宣言》就是马克思、恩格斯为“共产主义者同盟”起草的纲领。之后,在马克思、恩格斯的指导下,各国工人政党先后建立了“第一国际”和“第二国际”,同工人运动中的各种错误思想作斗争,使马克思主义在工人运动中占据了统治地位,为维护国际劳工利益、促进世界工人运动发展发挥了巨大作用。1919 年,列宁又领导创建了共产国际,为推动世界无产阶级革命和被压迫

① 《马克思恩格斯选集》第 1 卷,北京:人民出版社,1995 年版,第 291、285、291 页。
② 《马克思恩格斯选集》第 1 卷,北京:人民出版社,1995 年版,第 307 页。
③ 《马克思恩格斯选集》第 1 卷,北京:人民出版社,1995 年版,第 307 页。

民族的解放运动做出了重要贡献。

世界社会主义运动的历史经验表明：什么时候，这个国际主义联合搞得好，社会主义运动就蓬勃发展；什么时候，国际主义联合破裂，社会主义运动就会遭受挫折，甚至出现严重倒退。苏联解体、东欧剧变，除了这些国家自身的内部原因外，缺乏社会主义阵营的有效联合也是一个重要方面。“如果不就内容而就形式来说，无产阶级反对资产阶级的斗争首先是一国范围内的斗争。每一个国家的无产阶级当然首先应该打倒本国的资产阶级。”①但是，社会主义本来就是世界性的事业，单独一个国家可以首先夺取政权，首先走上向社会主义过渡的道路；但是，单独一个国家，不可能建成马克思所说的社会主义制度。没有全世界范围内的社会主义力量的国际联合，社会主义是不可能实现的。

在当前以西方资本主义为主导的经济全球化的过程中，具有不可调和矛盾的国际资产阶级却建立起了“兄弟联盟”，他们采取经济的、政治的、军事的、文化的等各种手段对社会主义国家进行合围包抄、各个击破，妄图把社会主义势力彻底消灭干净，以便实现资本主义的一统天下。在这种严峻的挑战面前，各国的无产阶级及其政党的国际主义联合就显得更为必要和紧迫。

---

① 《马克思恩格斯选集》第1卷，北京：人民出版社，1995年版，第284页。

主要参考文献

一、著作类

《马克思恩格斯选集》(第1～4卷),北京:人民出版社,1995年版;

《列宁选集》(第1～4卷),北京:人民出版社,1995年版;

《斯大林选集》(上下卷),北京:人民出版社,1979年版;

《马克思恩格斯全集》(第1～50卷),北京:人民出版社第1版;

《列宁全集》(第1～60卷),北京:人民出版社第2版;

《列宁全集补遗》(1),北京:人民出版社,2001年版;

《斯大林全集》(第1～13卷),北京:人民出版社第1版;

《斯大林文集》(1934—1952),北京:人民出版社,1985年版;

《毛泽东选集》(第1～4卷),北京:人民出版社,1991年版;

《毛泽东文集》(第6～8卷),北京:人民出版社,1999年版;

《邓小平文选》(第2卷),北京:人民出版社,1994年版;

《邓小平文选》(第3卷),北京:人民出版社,1993年版;

《毛泽东著作专题摘编》(上下卷),北京:中央文献出版社,2003年版;

逄先知、金冲及:《毛泽东传》(1949—1976)(上下卷),北京:中央文献出版社2003年版;

《毛泽东读社会主义政治经济学批注和谈话》,中华人民共和国国史学会1998年1月印[国史研究学习资料·清样本](上下卷);

《建国以来重要文献选编》(第1～20卷),北京:中央文献出

版社,1992—1998 年;

中国人民大学马列主义发展史研究所:《马克思主义史》(第 1 ~4 卷),北京:人民出版社,1996 年版;

中共中央党校科学社会主义教研室:《社会主义思想史》(上下卷),北京:中共中央党校出版社,1984 年版;

马克思主义理论研究和建设工程重点教材《科学社会主义概论》,北京:人民出版社、高等教育出版社,2011 年版;

薄一波:《若干重大决策与事件的回顾》(上下卷),北京:中共中央党校出版社,1993 年版;

萧贵毓:《二十世纪社会主义若干重大问题研究》,太原:山西人民出版社,2002 年版;

骆耕漠:《从资本主义到共产主义的三个过渡问题》,上海:上海人民出版社,1980 年版;

汤在新:《马克思恩格斯对未来社会经济关系的科学预测》,武汉:武汉大学出版社,1983 年版;

中苏友好协会编:《列宁斯大林关于从资本主义到社会主义的过渡时期的理论——马卡洛娃演讲集》,沈志远等译,北京:时代出版社,1953 年版;

吴冷西:《十年论战》(1956—1966)(上下卷),北京:中央文献出版社,1999 年版;

汤在新:《〈资本论〉续篇探索》,北京:中国金融出版社,1995 年版;

骆耕漠:《从资本主义到共产主义的三个过渡问题》,上海:上海人民出版社,1980 年版;

杨献珍:《列宁关于过渡时期的学说》,北京:人民出版社,1955 年版;

许征帆:《列宁关于过渡时期阶级斗争的学说》,武汉:湖北

人民出版社,1956 年版;

周新城:《什么是社会主义》,北京:经济科学出版社,2000 年版;

陈文通:《当前中国重大经济问题探索》,北京:中国农业出版社,2000 年版;

薛汉伟等:《马恩列斯论社会主义社会的阶段划分》,北京:求实出版社,1988 年版;

薛汉伟:《社会主义社会阶段划分的理论与实践》,合肥:安徽人民出版社,1987 年版;

于光远:《从"新民主主义社会论"到"社会主义初级阶段论"》,北京:人民出版社,1996 年版;

赵家祥等:《马克思东方社会理论的历史考察和当代意义》,北京:高等教育出版社,2002 年版;

项启源:《论我国社会主义初级阶段的历史定位》,北京:经济科学出版社,2001 年版;

徐恕:《社会主义发展阶段理论与实践研究》,北京:中国人民大学出版社,2002 年版;

肖枫:《社会主义向何处去》(上下卷),北京:当代世界出版社,1999 年版;

保罗·斯威齐等:《论向社会主义过渡》,尚政译,北京:商务印书馆,1975 年版;

埃内斯特·曼德尔:《关于过渡社会的理论》,王绍兰等译,北京:人民出版社,1982 年版。

二、论文类

春阳:《社会主义阶段是"过渡时期"吗?》,载《北京大学学报》1987 年第 4 期;

金重:《对斯大林宣布"基本实现"社会主义的反思》,载《北京大学学报》1989 年第 3 期；

骆耕漠：《列宁关于十月革命后四种交换关系的分析》，载《中国社会科学》1980 年第 1 期；

周新城：《“两个决不会”的解读及对社会主义前途的思考》，载《马克思主义研究》2005 年第 1 期；

龚育之：《新民主主义、过渡时期、社会主义初级阶段》，载《中共党史研究》1988 年第 1 期；

李延明：《对我国社会所处发展阶段的再认识》，载《马克思主义研究》1996 年第 1 期；

汤在新：《社会主义与商品生产》，载《当代经济研究》1994 年第 5 期；

成保良：《社会主义社会概念和社会主义初级阶段地位之我见》，载《经济学家》2001 年第 2 期；

杨家志：《社会主义初级阶段与新民主主义发展模式的复归》，载《中南财经大学学报》1994 年第 5 期；

黄开华：《马克思和列宁的过渡时期理论研究》，2002 年北京大学博士论文；

叶自成：《落后国家向社会主义过渡理论的历史发展》，载《中国社会科学》1991 年第 3 期；

汪亭友：《越南革新开放事业的理论、政策与成效》，载《学术探索》2003 年第 11 期；

肖飒：《越南共产党对当代社会主义生存与发展的认识》，载《学术探索》2003 年第 11 期；

马勇：《越共“九大”以来越南革新开放的新进展》，载《学术探索》2003 年第 11 期；

洪韵珊：《苏共超越历史阶段是从什么时候开始的》，载《俄罗斯研究》2003 年第 3 期；

洪韵珊:《对社会主义所处时代的重新界定》,载《中国社会科学》1989 年第 1 期;

马龙闪:《苏共的“超资本主义”倾向及其历史根源》,载《俄罗斯研究》2003 年第 1 期;

王元璋:《马克思关于未来社会预言的科学性》,载《经济评论》1995 年第 6 期;

张奎良:《马克思的东方社会理论》,载《中国社会科学》1989 年第 2 期;

储小平:《马克思的历史尺度与东方社会理论——与张奎良同志商榷》,载《中国社会科学》1989 年第 6 期;

薛汉伟:《“社会主义就是消灭阶级”辨析》,载《学术研究》1980 年第 3 期;

张显扬、薛汉伟:《社会主义道路与纯社会主义经济形式》,载《读书》1981 年第 4 期;

薛汉伟:《列宁关于过渡时期和社会主义阶段划分的理论》,载《马列主义研究》1986 年第 4 期;

薛汉伟:《人类社会的未来发展只有两个阶段吗?》,载《社会主义研究》1986 年第 6 期;

吴恩远:《俄罗斯重评斯大林》,载《马克思主义研究》2003 年第 6 期;

阎志民:《托洛茨基主义的历史与现状》,载《世界史研究动态》1983 年第 1 期;

孙来斌:《跨越资本主义“卡夫丁峡谷”20 年研究述评》,载《当代世界与社会主义》2004 年第 2 期;

高放:《论不发达国家实现社会主义之路》,载《江西大学学报》1980 年第 4 期;

高放:《不发达国家先实现社会主义的两个理论问题》,载《求是学刊》1987 年第 4 期；

邱海平：《马克思恩格斯关于不发达国家向共产主义过渡的理论及其现实意义》，载《当代经济研究》1997 年第 1 期；

晓苗、田英：《关于马克思跨越资本主义“卡夫丁峡谷”思想的研究综述》，载《马克思主义研究》1996 年第 3 期；

洪韵珊：《也谈“卡夫丁峡谷”》，载《社会科学研究》1996 年第 1 期；

薛汉伟：《马克思的社会主义和后人对它的“附加”》，载《科学社会主义》1987 年第 3 期；

智效和：《辨正马克思的社会主义观》，载《经济科学》2002 年第 4 期；

智效和：《列宁是否改变了马克思的社会主义观》，载《政治学研究》2002 年第 2 期；

智效和：《斯大林的社会主义与现实社会主义》，载《海派经济学》2003 年第 3 辑；

吴雄丞：《认真总结苏联社会主义制度倾覆的历史教训》，载《理论动态》1995 年 9 月 10 日；

周新城：《阶级斗争是观察复杂政治现象的钥匙》，载《求实》2001 年第 8 期；

李延明：《阶级和阶级斗争是〈共产党宣言〉的一个基本原理》，载《当代思潮》1998 年第 4 期；

靳辉明：《论社会主义社会是一个独特的社会形态》，载《社会主义研究》2005 年第 1 期；

詹姆斯·劳勒：《马克思的共产主义阶段理论》，载《理论探讨》2004 年第 6 期；

王伟光：《坚持人民民主专政，并不输理》，载《红旗文稿》2014 年第 9 期。

后　记

《科学社会主义理论的发展道路》这部著作，是应我校部分听过我课程的在职硕士研究生同学的要求而整理出版的。在为硕士研究生讲“科学社会主义的理论与实践”这门课程的过程中，不少学生，特别是在职研究生对我讲课过程中涉及的一些问题表示了极大的兴趣，对我的不少观点表示了极大的赞同。由于利用图书馆电子资源还需要查询、下载、打印等，而且资料不宜保存，这就给大家的学习和进一步深入研究带来了不少麻烦，所以许多同学提出非常希望能够读到我在这个方面的专著。此书正是适应大家的要求而诞生的。

本书的内容代表了近年来我对科学社会主义与国际共产主义运动学科一些重要问题的基本观点。各章的内容大多在近年来的学术刊物上部分地公开发表过，这次出版时大多数章节又做了较大的修改、调整和增补。本书虽然不是教材，但是可以作为重要的教学辅导资料供大家参考。有鉴于此，本书并没有打算详细地讲解科学社会主义所涉及的相关基本概念和范畴，因此，系统而全面不是本书的出发点。本书努力争取的目标在于：对现实社会主义相关的重大理论和实践问题做出一个符合马克思主义逻辑的、一以贯之的、有说服力的科学解释。因此，本书的主要特点是现实针对性。当然，由于作者水平所限，还不能说已经达到这个要求，但这至少是笔者坚定不移追求的目标。

在本书出版之时，世界社会主义运动仍然处在自 20 世纪 80 年代末 90 年代初开始的低潮中。总结 20 世纪以来世界社会主义运动的经验教训，这是每个马克思主义、科学社会主义理论工作者义不容辞的责任。因此，本书也可以看作是对20世纪以来世界社会主义运动经验教训总结的一次大胆尝试。那么，应该如何来总结社会主义运动的经验教训呢？大家知道，列宁说过：科学社会主义就是马克思主义。反过来讲，马克思主义也就是科学社会主义。由于科学社会主义是由马克思和恩格斯共同创立的科学体系，列宁是完完全全继承了马克思的。因此，本书以马克思、恩格斯和列宁对科学社会主义的基本观点为科学指针来分析20世纪以来的国际共产主义运动中的是是非非、成败得失。这也是本书的一个重要特点。

非常感谢中国人民大学周新城教授在百忙中欣然为本书作序，同时也衷心感谢苏州大学出版社领导和编辑的热情支持与辛勤劳动。

由于作者水平所限，书中难免存有一些不足之处，恳请读者朋友们不吝提出宝贵的意见和建议。

石镇平

2016年10月于苏州